QUATRIÈME SUPPLÉMENT

AU

RÉSUMÉ ANALYTIQUE

DES

LOIS ET RÉGLEMENTS

DES DOUANES,

PAR

M. FASQUEL.

PRIX :
- 4e SUPPLÉMENT. 2 50
- RÉSUMÉ, 1er, 2e ET 3e supp. . . . 15 50

A PARIS,

Chez RENARD, à la Librairie du Commerce, rue Sainte-Anne, 71;

ET A BORDEAUX,

Chez LAWALLE neveu, Libraire, allées de Tourny, 20.

1841.

VANNES. — IMPRIMERIE DR N. DE LAMARZELLE

AVERTISSEMENT.

Le *quatrième* supplément au *Résumé analytique des lois et réglements des douanes* renferme les diverses dispositions législatives et réglementaires qui ont été transmises en 1839 et en 1840.

Beaucoup de décisions particulières y sont également insérées.

Pressentant que les changements et les modifications que devaient subir les réglements pendant ces deux années seraient nombreux, on a laissé écouler cette période avant de les présenter dans un recueil. Il y aura, de cette manière, moins d'annotations à faire au *résumé ;* en même temps ce qui reste en vigueur n'en sera que mieux coordonné.

Une semblable addition à l'ouvrage principal, donnera naturellement à celui-ci un nouveau degré d'intérêt. Chacun appréciera l'avantage d'avoir la législation des douanes mise au courant, par matières, jusqu'au 1ᵉʳ janvier 1841.

On a expliqué, dans les précédents suppléments, comment les dispositions nouvelles se liaient aux prescriptions anciennes. La même méthode a été observée dans celui-ci.

Le résumé analytique a reçu du temps une sorte de sanction. Au milieu de tant de réglements épars, de tant de modifications apportées à ce qui existe depuis cinquante ans, un tel sommaire est devenu indispensable. Rien n'a été épargné pour le rendre digne de sa destination et des honorables encouragements qu'il a obtenus.

L'auteur cède au désir de faire connaître la lettre qu'a bien voulu lui écrire, au sujet de ce recueil, l'un des administrateurs les plus éclairés de l'ancienne administration, qui présidait, en 1824, la commission de révision dont il était le secrétaire. La voici :

MINISTÈRE
du Commerce
et des
TRAVAUX PUBLICS.

SECRÉTARIAT
général
DU CONSEIL SUPÉRIEUR.

Paris, le 1er juin 1839.

MON CHER ET ANCIEN CAMARADE, Merci de votre troisième supplément au Résumé analytique des lois et règlements des douanes que vous venez de publier. Je me vois revivre en vous, et je n'ai pas besoin de vous dire que cela me flatte et me rend heureux : méthode, clarté, précision, rien n'y manque. Je vous en félicite.

Recevez l'assurance, etc.

Signé DAVID.

QUATRIÈME SUPPLÉMENT

AU

RÉSUMÉ ANALYTIQUE

DES LOIS ET RÈGLEMENTS

DES DOUANES.

TITRE Ier. ORGANISATION DE L'ADMINISTRATION A PARIS ET DANS LES DÉPARTEMENTS.

CHAP. II. ORGANISATION DANS LES DÉPARTEMENTS.

938. — 9. Le chef-lieu de la direction de *Belley* est transféré à *Nantua*, et celui de la direction de *St-Gaudens* à *Toulouse* (*Déc. min. du* 21 *nov.* 1839 *et ordon. du* 23.)

Service sédentaire.

939 — 14. Les dénominations de contrôleur aux entrepôts, commis principal à la navigation, contrôleur aux liquidations, commis principal à la balance du commerce, contrôleur aux déclarations, liquidateur, commissaire, aide–vérificateur, receveur aux déclarations, commis de recette, agent près les tribunaux, commis à la balance, commis-adjoint à la balance, commis aux expéditions, contrôleur aux soudes et commis supplémentaire, sont supprimées. (*Arrêté minist. du* 3 *septembre* 1839, *art.* 1er; *circ. n*° 1773.)

940 — 14. Les employés des six premières catégories, savoir : les contrôleurs aux entrepôts, les commis-principaux à la navigation, les contrôleurs aux liquidations, les commis principaux à la balance du commerce, les contrôleurs aux déclarations et les liquidateurs prennent le titre de contrôleur ou de commis principal, selon que leur traitement est de 2,400 francs et plus, ou inférieur à ce taux. (*Même arrêté, art.* 2.)

941 — 14. Les commissaires et les aides ·vérificateurs prennent le titre de vérificateurs, et sont, avec ces derniers, rangés en trois classes, selon que leur traitement est de 2,000 francs et plus, de 1,800 francs ou de 1,600 francs et au-dessous. (*Même arrêté, art.* 3.)

Dans les bureaux subordonnés, les employés, autres que les chefs, prennent le titre de *visiteur* à l'exclusion de celui de commis. (*Circ. du* 23 *septembre* 1839, *n*° 1773.)

942 — 14. Les receveurs aux déclarations, commis de recette, agents près les tribunaux, commis à la balance, commis-adjoints à la balance, commis aux expéditions, contrôleurs aux soudes et commis supplémentaires prennent le titre de commis principal de 1re ou de 2e classe, et de commis de 1re ou de 2e classe, selon que leur traitement sera de 2,000 fr. et plus, de 1,800 francs, de 1,200 à 1,600 francs, ou inférieur au taux de 1,200 francs. (*Arrêté du 3 septembre* 1839, *art.* 4.)

Nota. La circulaire, n° 1773, indique les fonctions des contrôleurs et fait connaître la responsabilité qui pèse sur eux.

TITRE II. PLACEMENT DES POSTES OU BUREAUX.

BUREAUX CRÉÉS.

942 *bis*. — 22 *bis*. Le vœu de la loi est suffisamment rempli, quand l'existence d'un bureau est indiquée au moyen de l'apposition d'un tableau portant ces mots : *Bureau des Douanes.* Ce signe extérieur suffit pour indiquer le lieu où la marchandise doit être conduite. (*Arrêt de la Cour de cass. du 6 décembre* 1839, *circ.* n° 1791.)

TITRE III. ÉTABLISSEMENT DES DROITS ET PERCEPTION.

PRIVILÈGES DES AMBASSADEURS.

943 — 43. Les ambassadeurs, ou envoyés étrangers, jouissent en France de la franchise des droits pour leurs bagages et leurs effets lorsqu'ils justifient, d'une manière authentique, de leurs titres et mission, et que les mêmes franchises sont assurées de plein droit dans leurs pays respectifs aux ambassadeurs ou envoyés du Roi. Les demandes de franchises et d'immunités sont adressées par les ambassadeurs étrangers, au département des affaires étrangères, qui se concerte avec celui des finances pour la décision à prendre. (*Lettre adm.*, 27 *janvier* 1834.)

APPLICATION DU TARIF.

944 — 52 *bis*. Lorsque le dernier jour valable pour appliquer un tarif en vigueur est un dimanche ou un autre jour férié, les bureaux de douane restent ouverts pour recevoir et enregistrer les déclarations relatives à l'application de ce tarif, et ce, pendant la durée des heures indiquées par la loi. (*Déc. min. du* 11 *avril* 1839, *circ.* n° 1755.)

945. — 52 *bis*. Chaque fois qu'il y a lieu de mettre en vigueur un changement quelconque dans les taxes établies, les receveurs sont tenus, sous leur propre responsabilité, d'arrêter les registres de déclarations et de perception à la cloture de la séance de la veille du jour où le nouveau tarif doit être appliqué. Dans les bureaux où il existe des inspecteurs ou sous-inspecteurs sédentaires, ces chefs doivent viser l'arrêté des registres. Ailleurs, l'employé le plus élevé en grade, après le receveur, signe cet arrêté conjointement avec lui ; et, dans les bureaux composés d'un receveur seulement, c'est le chef du service actif de la résidence qui doit signer avec le receveur. (*Même circulaire.*)

946. — 52 *ter*. Les commissaires experts établis près le ministère du commerce par la loi du 27 juillet 1822, sont seuls compétents pour reconnaître l'espèce, l'origine et la qualité d'un produit arrêté par la douane. Les tribunaux ne peuvent, dans aucun cas, substituer leur propre appréciation à celle des experts. (*Arrêt de cass. du 30 janvier 1839, circ. n° 1747.*)

Dispositions générales.

947. — 73 *bis*. Les affiches que fait apposer l'administration des douanes pour annoncer au public la vente des marchandises provenant de saisies, et toutes celles concernant son service, sont exemptes de la formalité du timbre. (*Décision ministérielle du 27 brumaire an 6; circ. du 15 octobre 1839, n° 1779.*)

TITRE IV. police des côtes et frontières.

CHAP. III. visite des bâtiments.

Bâtiments de l'Etat et paquebots-postes.

948 — 84. Lorsque par suite de recherches faites par les employés des douanes à bord des bâtiments de la marine royale, ces employés sont dans le cas d'opérer des saisies de marchandises de contrebande, les capitaines et officiers de ces bâtiments sont soumis, relativement à ces saisies, aux peines portées par la loi. (*Loi du 22 août 1791, titre 2, art. 7, et titre 13, art. 10.*)

949 — 84. Toutefois, pour faire peser sur les auteurs directs de la fraude, le montant des amendes à exiger, l'administration, après qu'il a été dressé procès-verbal des infractions reconnues sur les bâtiments de l'État, et requis jugement dans le délai légal, surseoit à toutes poursuites ultérieures jusqu'à ce que l'autorité maritime ait fait connaître le résultat de ses investigations. Le conseil d'administration des douanes examine alors, pour chaque affaire, d'après les faits constatés, s'il y a lieu ou non d'accorder, par voie de transaction, la remise ou la modération des amendes encourues, et c'est ensuite au département de la marine à faire supporter ces amendes par qui de droit dans la proportion que les agens supérieurs ont réglée d'avance.

Ces dispositions s'appliquent aux saisies opérées par la douane à bord des paquebots de la Méditerranée; le comité de direction est appelé à ordonner les investigations auxquelles l'autorité supérieure de la marine doit se livrer lorsque des circonstances semblables se présentent pour des bâtiments de l'État. (*Circ. du 27 janvier 1840, n° 1793.*)

950 — 86. Tout bâtiment de guerre étranger entrant dans les ports et rades de France, est exempt de la visite des douanes à son bord. Les préposés doivent, à son égard, se borner à une surveillance tout extérieure. (*Circ. du 27 mars 1840, n° 1803.*)

CHAP. IV. police des frontières.

Rayon des deux kilomètres et demi.

951 — 90. Toutes marchandises circulant dans les deux kilomètres et demi de la frontière, sans être accompagnées d'un passavant régulier délivré par le receveur des douanes,

doivent être saisies et confisquées , et le conducteur, condamné à 100 fr. d'amende. Il y a
exception à cette règle, pour les bestiaux, lorsqu'ils ne font pas route vers la frontière. Cette
exception s'applique aux chevaux servant à l'agriculture et non aux chevaux montés et
bridés. (*Loi du 22 août* 1791 , *art*. 15, *titre* 13; *arrêté du 22 thermidor an* 10, *art*. 7, 9
et 10; *loi du 13 pluviose an 3; arrêté du 25 messidor an* 6, *art*. 2, *et arrêt de la Cour de
cass. du 30 mai* 1831.)

952—93. Lorsqu'un arrêté préfectorial a déterminé le mode d'après lequel on doit justifier de l'origine des produits récoltés dans les deux kilomètres et demi de l'étranger pour
obtenir un passavant de circulation, cet arrêté est obligatoire tant que l'autorité supérieure
ne l'a ni modifié, ni réformé; l'on ne peut, par une appréciation, suppléer à l'absence de la
justification, dont la nature et la forme ont, ainsi, été réglées. (*Arrêt de cass. du 20 déc.*
1839; *circ. du 28 janvier* 1840, *n°* 1794.)

953 — 93. Les marchandises prohibées, et celles assujetties à un droit de 20 francs et au-
dessus par quintal métrique, déposées dans un lieu ayant une population de moins de
2,000 ames, sont saisissables lorsque leur existence dans le rayon n'est pas couverte par
une expédition de douane délivrée *dans le jour*, sauf à l'administration, lorsque la saisie
présente des circonstances atténuantes, à faire la remise des peines encourues. (*Lois des*
22 *août* 1791, *art*. 37 *et* 38, *titre*, 13, *et* 28 *avril* 1816 , *art*. 37.)

954—103. Toute marchandise, emballée ou non, trouvée en excédant au compte ouvert
chez un habitant d'une commune située dans les deux kilomètres et demi de la frontière,
et dont la population n'est pas de 2,000 ames, sont saisissables en vertu des lois générales
de douanes. (*Arrêt de cass. du* 14 *juin* 1839, *circ. n°* 1760.)

Fabriques.

955 — 97. Le directeur des douanes accorde, sans l'attache de l'administration , l'établissement d'une fabrique dans une commune du rayon dont la population agglomérée est
de 2,000 ames et au-dessus, lorsque le demandeur offre de se soumettre à la formalité du
compte ouvert en douane et à la surveillance des préposés dans ses ateliers. (*Lettre administ. du 9 février* 1831.)

956 — 97. Le nouveau propriétaire d'une fabrique autorisée, peut continuer l'exploita-
tion sans réclamer une nouvelle autorisation. Le titre légal d'existence des fabriques
s'applique à elles-mêmes et non aux propriétaires. (*Lettre administ. du* 14 *mars* 1833.)

CHAP. VI. DÉPÔTS.

957 — 103. Lorsque des préposés, prêts à entrer dans un lieu de dépôt, en voient sortir
un ballot que l'on parvient à soustraire à leur poursuite, ils n'en doivent pas moins constater ce fait par un procès-verbal; les auteurs de cette soustraction et le dépositaire sont
passibles de la confiscation, de l'amende de 500 fr. et de l'emprisonnement, conformément
aux art. 38, 41, 42, 43 et 53 de la loi du 28 avril 1816. (*Jugement du tribunal de Lille du*
23 *novembre* 1836.)

CHAP. VII. CIRCULATION DANS LES DEUX MYRIAMÈTRES DU RAYON.

958 — 110. Tout *transport* de marchandises dans le rayon des douanes (sans qu'il y ait
d'exception pour les communes de ce rayon qui auraient plus de 2,000 habitans) est assu-

jetti à la formalité du passavant. A défaut de cette justification, les préposés des douanes sont fondés à arrêter les objets transportés et à en déclarer la saisie. (*Jugement du tribunal civil de Valenciennes du 8 février 1839.*)

959 — 117. La saisie opérée dans le rayon des douanes, d'une marchandise prohibée à l'entrée ou à la sortie, entraîne de droit et dans tous les cas, la confiscation des moyens de transport et l'amende prononcée par la loi. (*Arrêts de cass. du 4 mars 1839, circulaire n° 1751.*)

960 — 120. Une marchandise prohibée, ou tarifée à plus de 20 francs les 100 kilog., trouvée dans le rayon des frontières sans être accompagnée d'un passavant *valable pour la quantité transportée et pour le temps pendant lequel devait s'effectuer le transport*, est réputée avoir été introduite en fraude dans le royaume. Conséquemment, la saisie doit en être effectuée, conformément aux art. 38, 41, 42 et 43 de la loi du 28 avril 1816. (*Jug. de la Cour royale de Douai du 15 février 1839.*)

961 — 124 *bis*. Lorsqu'il s'agit de mettre en circulation dans la ligne des douanes, des marchandises de la classe de celles taxées au moins à 20 francs par 100 kilog., ou à 10 p. 0⁄10 de la valeur, leur présentation préalable au bureau au moment où on lève l'expédition de douane, est obligatoire, et quand, à raison de circonstances particulières, une exception à cette formalité est accordée par l'inspecteur, la déclaration doit faire connaître le lieu où la marchandise est déposée, afin que son existence réelle puisse être vérifiée.

La justification de l'origine des marchandises dont il s'agit, prescrite par l'article 6 de l'arrêté du 22 thermidor an 10, n'est pas seulement exigible pour les objets tirés de l'étranger ou de l'intérieur, ceux provenant de l'industrie locale y sont également soumis. Un certificat du maire doit être produit pour affirmer l'origine de ces fabrications, conformément à l'art. 38 de la loi du 28 avril 1816. (*Lettre adm. du 17 juin 1836.*)

(Voir pour la justification de l'origine des marchandises *récoltées* dans le rayon, l'art. 952 des suppléments.)

962 — 130 *bis*. L'obligation du passavant existe à l'égard des grains et des graines. Ils sont absolument soumis, dans le rayon des douanes, aux formalités établies par l'arrêté du 22 thermidor an 10, pour la police des circulations. (*Arrêt de cass. du 20 janvier 1840; circ. n° 1799.*)

TITRE V. IMPORTATIONS PAR MER.

CHAP. 2 COURTIERS.

963 — 159. Les capitaines et négociants des divers états de l'Amérique avec lesquels il existe des traités de commerce, sont autorisés à agir par eux-mêmes; à présenter en douane leurs manifestes, leurs déclarations, etc., dans les seules limites imposées aux capitaines et négociants français. (*Circ. du 3 juin 1840, n° 1813.*)

INTERVENTION DES CONSULS.

964 — 159 *bis.* Les consuls *espagnols* ont seuls le droit d'assister, en douane, les capitaines de leur nation ; de leur servir d'interprète, d'exercer en un mot à leur égard l'office de *courtier*. Ce droit résulte pour les Espagnols de la convention de 1761 et n'a point été conféré par les traités aux consuls du Brésil, du Mexique et à ceux des autres puissances. (*Déc. du min. des affaires étrangères : circ. du 27 février* 1840, *n°* 1798.)

965 — 448 *supp.* Les consuls du *Texas* sont autorisés à surveiller la police intérieure des navires texiens et à diriger les opérations relatives au sauvetage des bâtiments naufragés ou échoués. (*Traité du 25 septembre* 1839, *ord. du 24 juin* 1840, *circ. n°* 1820.)

966 — 159 *bis.* L'autorisation accordée par l'article ci-dessus aux agents consulaires du Texas, est concédée aux consuls et capitaines de la république de l'*Uraguay*. (*Traité du 8 avril* 1836, *ord. du 15 avril* 1840, *circ. n°* 1813.)

CHAP. III. RAPPORT DE MER.

967 — 161. Dans les cas divers où la douane doit exiger un rapport de mer, elle n'a pas à s'enquérir de celui que le capitaine est tenu de faire au tribunal de commerce. Elle reste étrangère à cette formalité ; elle ne peut s'opposer au débarquement des marchandises dès que ce capitaine s'est mis en règle vis-à-vis d'elle. (*Inst. admin. du 11 décembre* 1833.)

CHAP. V. DÉBARQUEMENT.

968 — 193. L'affranchissement du droit de permis accordé, par la circulaire du 20 avril 1838, n° 1680, pour les effets des voyageurs qui sont embarqués à bord des navires, ou qui en sont débarqués, n'entraîne pas la dispense du permis que délivre la douane, pour toute espèce d'embarquement ou de débarquement. (*Lettre adm. du 19 avril* 1838.)

CHAP. VI. VÉRIFICATION DES MARCHANDISES.

Borax raffiné, Sulfate d'ammoniaque, Linge, Foulards, etc.

969 — 216. L'attention des vérificateurs est spécialement appelée sur le *borax raffiné* qu'on chercherait à introduire comme *alun de Rome*, et sur le *sulfate d'ammoniaque* mélangé de charbon pilé, que l'on déclarerait sous le nom de *charbon* ou de *noir animal*, pour se soustraire aux droits du tarif. (*Instruct. adm. du 27 décembre* 1833.)

970 — 216. La toile à liteaux servant pour linge *de table* ou de toilette, admissible comme toile unie et en raison de son degré de finesse, doit être repoussée comme prohibée s'il y entre du coton dans une proportion quelconque. (*Lettre admin. du 19 juin* 1838.)

971 — 216. Les vérificateurs ont à distinguer avec soin les tissus *foulards* de toute sorte, soit en écru, soit imprimés, admissibles aux droits fixés par la loi du 2 juillet 1836, (sans distinction de ceux qui sont disposés en compartiments pour mouchoirs, fichus, etc., ou à dessins continus pour tout autre usage) des autres étoffes de soie unies (1)' soumis à un droit *double* de celui des foulards écrus. (*Lettre adm. du 8 no-vembre* 1836.)

972 — 216. Il leur est également recommandé d'apporter une attention particulière pour reconnaître les tulles étrangers qu'on pourrait présenter à l'importation (2). (*Inst. administ. du 8 février* 1836.)

Jury d'examen. — Fausses déclarations.

973. — 220. Les commissaires experts établis par la loi du 27 juillet 1822 sont seuls compétents pour reconnaître l'espèce , l'origine et la qualité d'un produit arrêté par la douane. Les tribunaux ne peuvent, dans aucun cas, substituer leur propre appréciation à celle des experts. (*Arrêt de cass. du* 30 *janvier* 1839, *circ. n°* 1747.)

974 — 227. La douane, en cas de doute sur la sincérité d'une déclaration faite par un importateur, doit procéder par acte conservatoire sans donner assignation; l'instance judiciaire ne pouvant être introduite qu'après que le droit de saisir est ressorti de la décision des experts du gouvernement. Si, au contraire, les employés ont la conviction qu'il y a fausse déclaration , ils constatent la contravention par un procès-verbal avec citation devant le tribunal, qui juge, alors, s'il y a lieu de recourir à l'expertise légale. (*Lettre adm. du* 31 *janvier* 1839.)

CHAP. VII. DROIT DE PRÉEMPTION.

975 — 229 *bis*. Quand les employés des douanes usent du droit de préemption à l'égard de marchandises importées, les droits de douane dus sur ces marchandises peuvent n'être payés qu'à l'expiration du délai de 15 jours accordé au préempteur pour se libérer envers le préempté.

---

(1) Voici les principaux signes auxquels on peut reconnaître les foulards écrus ou imprimés.

Le foulard étant fabriqué avec une soie grège, sans apprêt et sans organsin , est extrêmement flasque et peut être chiffonné sans qu'il en reste aucune trace. Le taffetas et le florence le moins apprêté ont un tout autre aspect, et l'on ne saurait les froisser sans dommage., car une qualité nécessaire à tous les tissus unis autres que les foulards , c'est toujours de *cartonner* un peu. Le blanc diffère aussi dans l'une et l'autre espèce de tissus : celui du foulard est jaunâtre et mat , celui du taffetas est pur et brillant.

(2) Voici les signes pour reconnaître les tulles étrangers :

Tulles blanchis en bande. Pliage par 1/2 yard au lieu d'un 1/3 d'aune.

L'odeur, (celle du goudron ou une odeur à-peu-près semblable qui se contracte à bord et dans les enveloppes.)

Le papier. La régularité du pliage. (Le papier d'Angleterre diffère souvent du papier de France.)

Apprêt. Beaucoup moins d'apprêt qu'en France.

Lisières. Toujours lisières droites et jamais circulaires ou picotées.

Grande pression qui laisse des traces des bandes plus étroites sur les plus larges, les ballots étant pressés pour être réduits en plus petit volume pour faciliter le passage en contrebande. En France cette pression n'est pas usitée.

Chiffres. Les chiffres ont aussi le caractère anglais ainsi que les épingles.

Grandes laizes. Généralement les tulles extrêmement larges de 8 à 10/4 de France, de 12 à 13 points (c'est-à-dire de 12 à 13 mailles dans le pouce anglais), doivent être présumés d'origine étrangère, attendu qu'il s'en fait très-peu en France.

Le receveur n'a point, au surplus, à faire l'avance des droits à percevoir sur les marchandises. (*Lettre administ. du 7 mars 1837.*)

976 — 229 *bis*. Le droit de préemption pouvant être exercé dans tous les bureaux de douanes, un receveur subordonné peut faire les avances de fonds nécessaires pour faciliter aux employés l'exercice de ce droit, mais il doit rendre compte immédiatement de cette opération à son receveur principal. (*Lettre administ. du 24 mai 1839.*)

977 — 229 *bis*. Si un receveur cesse d'être dépositaire d'une marchandise préemptée avant que les employés préempteurs ne se soient libérés envers le trésor, il est libre d'exiger, pour couvrir sa responsabilité, telles garanties qu'il juge convenable; le trésor ne reconnaissant que lui pour débiteur. (*Idem.*)

CHAP. VIII. TARE DES EMBALLAGES.

978 — 246. Lorsque, du consentement de l'expéditeur d'une marchandise dirigée sur un port d'entrepôt, l'acquit à caution accompagnant ces marchandises exprime la tare *réelle*, on ne peut, lors de la mise en consommation, réclamer la tare *légale*. (*Lettre administ. du 8 octobre 1833.*)

979 — 246 *bis*. Si des marchandises *d'espèces différentes* et tarifées *au net* que l'on importe en France, se trouvent réunies dans un même colis, la perception doit être faite sur le *net effectif* d'après le poids constaté, pour chaque espèce, par les vérificateurs. (*Lettre administ. du 28 février 1830.*)

980 — 246. On ne doit jamais accorder d'autre défalcation sur le poids reconnu par la vérification, que celle de la tare légale fixée par les réglements pour l'espèce de marchandise présentée à l'importation. Le motif allégué que cette marchandise ayant été exposée à la pluie est imprégnée d'une humiditée qui en augmente le poids est inadmissible. (*Lettre administ. du 5 juin 1839.*)

CHAP. IX. RESTRICTION AUX IMPORTATIONS.

Bureaux ouverts à l'importation pour diverses marchandises.

981 — 259 *bis*. Le bureau de la nouvelle est ouvert à l'entrée des *laines* en masse. (*Ord. du 7 juillet 1839, art. 3; circ. nº 1761.*)

982 — 259 *bis*. La restriction d'entrée établie par la loi du 27 juillet 1822, à l'égard de l'*acide borique* est supprimée. Toutefois, l'importation n'en est permise que par les seuls bureaux ouverts à l'entrée des marchandises payant plus de 20 fr. par 100 kil. (*Même ord. et circ.*)

983 — 259 *bis*. Les *sabots peints ou vernis*, à l'égard desquels il existe une restriction d'entrée, pouvant être facilement distingués de ceux *communs*, assujettis seulement à un droit inférieur à 20 francs par 100 kil., ces derniers peuvent être admis à l'importation par tous les bureaux de douane. (*Lettre adm. du 22 mars 1836.*)

983 *bis*. — 261 *qua*. Les *fils d'étoupes* (fils simples, *écrus d'étoupes* qui fournissent 6000 mètres, ou moins, au kilogramme), ne peuvent être importés que par les ports d'entrepôt réel. (*Ord du 24 septembre 1840, circ. du 28, nº 1834.*)

CHAP. IX *bis*. IMPORTATIONS FAVORISÉES PAR DES TRAITÉS.

Navires anglais.

984 — 476 *supp*. Les petites parties de denrées coloniales qui sont apportées comme provisions de ménage dans les bagages des voyageurs; les échantillons que reçoivent de l'étranger les négociants, et les articles de provision en faible quantité destinés à la consommation d'un consignataire, peuvent être admis en France sous le paiement des droits d'entrée, par dérogation aux stipulations du traité de navigation conclu avec l'Angleterre. (*Lettre administ. du 4 septembre* 1832.)

985 — 476 *supp*. Les grains venant de la Grande-Bretagne ou des possessions britanniques en Europe, et dont l'origine européenne se trouve constatée par des certificats réguliers, ne doivent, aux termes de l'art. 2 du traité de 1826, être assujettis à aucune surtaxe. (*Lettre administ. du 24 avril* 1832.)

986 — 476 *supp*. Les farines importées par navires anglais dont l'origine européenne ne se trouve pas régulièrement justifiée, ne peuvent être admis aux droits d'entrée ; l'art. 2 de la loi du 15 avril 1832 ne lève pas la prohibition qui résulte du traité du 26 janvier 1826. (*Lettre administ. du 20 juillet* 1832.)

Navires mexicains.

987 — 478 *bis des supp*. Les produits du sol et de l'industrie du Mexique importés en France par les navires de cette république, sont affranchis de la surtaxe de navigation quand l'importation est *directe* et que les marchandises sont accompagnées de certificats d'origine réguliers. Ils paient, dans ce cas, les mêmes droits que s'ils arrivaient par navires français. (*Traité du 9 mars* 1839*, ordonn. du 14 août suiv., circ. des 8 mai* 1827 *n*° 1050, *et* 30 *sept.* 1839 *n*° 1777.)

> NOTA. Pour jouir de cette modération des droits, il faut qu'il soit justifié par les registres, passe-port et papiers, que le navire appartient à un sujet mexicain, et que le capitaine et les trois quarts de l'équipage sont originaires du Mexique. Relativement à la *visite des bâtiments*, à l'intervention des consuls dans *les naufrages*, etc., les navires mexicains sont traités comme ceux de la nation la plus favorisée. Voir l'art. 476 des suppléments.

Navires vénézuéliens.

988 — 479 *supp*. La condition de nationalité est remplie à l'égard des navires de *Vénézuela*, quand il est reconnu que ces navires sont de *bonne foi* la propriété de citoyens vénézuéliens; la relâche que peuvent faire les bâtiments dans leur traversée n'est point considérée comme une interruption du transport *direct*, lorsqu'il est justifié par un certificat du consul de France, ou, à défaut d'agent consulaire, par une attestation des douanes locales, que ces navires n'ont effectué aucun embarquement de marchandises dans le port d'escale. (*Décis. minist., circ. du 3 septembre* 1840 *n*° 1831.)

Navires texiens.

989 — 73 et 268 *bis. supp*. Les produits du sol et de l'industrie du Texas, importés directement en France par navires texiens, et dont l'origine est constatée par des

certificats authentiques, sont admis aux mêmes droits que s'ils étaient chargés sur navires français.

Les produits exportés jouissent des mêmes franchises, allocations et restitutions de droits qui sont, ou pourraient être, réservés aux navires nationaux. (*Traité du 25 septembre* 1839, *ordon. du* 24 *juin* 1840, *circ. n°* 1810.)

> NOTA. Les agents, les citoyens et les navires du Texas, jouissent en France, des immunités accordées sous condition de réciprocité aux autres états de l'Amérique. (*Même ordon. et circ.*)

Navires de l'Uraguay.

990 — **268** *bis.*, **75** *supp.* Les produits du sol et de l'industrie de l'état oriental de l'Uraguay, importés directement en France par navires de cette république, et dont l'origine est constatée par certificats authentiques, sont admis aux mêmes droits que s'ils étaient chargés sur navires français. (*Traité du 8 avril* 1836 ; *ordon. du* 15 *avril* 1840 ; *circ. n°* 1813.)

> NOTA. Les immunités accordées, sous condition de réciprocité, aux agents, aux citoyens et aux navires des autres états de l'Amérique, sont concédées par le traité passé avec la république de l'Uraguay. (*Circ.* 1813.)

CHAP. XII. NAUFRAGES ET ÉPAVES.

991 — 295. Les marchandises frauduleusement détournées d'un sauvetage, ne doivent point être confisquées. Les préposés qui en arrêtent, le constatent par un procès-verbal, et ils conduisent, dans le jour, les délinquants soit devant le procureur du roi, soit, à défaut, devant le juge de paix du canton où l'arrestation a eu lieu à qui ils remettent leur rapport. (*Circ. du 9 juillet* 1817, *n°* 295; *lettre adm. du* 30 *mai* 1836.)

Intervention des consuls.

992 — **482** et **299** *supp.* Les consuls du *Texas* sont autorisés à représenter, dans les naufrages des navires de leur nation, les propriétaires absents, et à diriger les opérations de sauvetage et d'emmagasinage, de concert avec les agents des douanes. (*Traité du* 25 *septembre* 1839 ; *circ. n°* 1820.)

482 et **299** *supp.* Les consuls appartenant à la république de l'*Uraguay*, jouissent des avantages accordés par l'article précédent aux consuls texiens. (*Traité du 8 avril* 1836, *circ. n°* 1813.)

Vente de marchandises et d'embarcations.

993 — 309. Lorsqu'une marchandise venue en épave à la côte et que fait vendre l'administration de la marine, se trouve diversement imposée par le tarif, selon sa provenance et le mode de transport, la douane à qui, dans ce cas, aucune justification ne peut être produite, doit assujettir cette marchandise au *maximum* de la taxe, et non au *minimum*. (*Lettre de l'admin. du* 14 *février* 1839.)

994 — 320. Les embarcations de deux tonneaux et au-dessous, provenant d'épaves ou de naufrage, que l'administration de la marine fait mettre en vente, sont adjugées à la condition, par les acquéreurs, de payer seulement le droit de 10 p. 0/0 du prix de

vente dont sont passibles les agrès et apparaux. L'administration se réserve de statuer elle-même, lorsqu'il s'agit d'embarcations d'un tonnage supérieur à deux tonneaux. (Voir pour les bâtiments susceptibles d'être francisés, l'art. 1089 des suppléments.) (*Lettre adm. du 14 mars 1839.*)

995 — 322. Les marchandises provenant de naufrage ou d'épaves, renvoyées à l'étranger soit immédiatement, soit dans les trois mois accordés par l'art. 6 du titre 7 de la loi du 22 août 1791, ne sont pas assujetties au droit de réexportation, quoiqu'elles aient été temporairement déposées sous la clé de la douane. Ce droit n'est dû que dans le cas où les marchandises sont dirigées sur un entrepôt réel, et qu'elles sont admises dans cet établissement sous le bénéfice des lois générales. (*Lettre au direct. de Brest du 10 mai 1839.*)

CHAP. XIII. CONTREBANDE SANS ARMES.

996 — 341. Lorsqu'il s'agit seulement de fraude de filtration, les employés peuvent, dans les cas où l'arrestation est autorisée, se dispenser d'arrêter les enfants au-dessous de 14 ans. Il n'y a lieu à s'assurer de leur personne que dans les circonstances suivantes :

1° Quand ils marchent en bande nombreuse ;

2° S'il y a eu de leur part plusieurs récidives ;

3° Lorsqu'on a quelques motifs fondés de croire que l'on viendra payer, pour eux, l'amende prononcée par la loi. (*Lettre adm. du 23 novembre 1833.*)

997 — 331. Quand des préposés des douanes saisissent des cigares étrangers que l'on cherche à introduire en France en contrebande, ils doivent poursuivre, à la fois, la confiscation de la marchandise et celle des moyens de transport, sauf à offrir dans le rapport même, la main-levée sous caution. (Voir la circ. n° 1748.) (*Lettre adm. du 21 octobre 1835.*)

TITRE VI. IMPORTATIONS PAR TERRE.

CHAP. I. OBLIGATIONS IMPOSÉES AUX CONDUCTEURS DE MARCHANDISES.

998 — 344 *bis.* Le bureau de douane ou le conducteur d'une marchandise doit, sous peine d'amende, se présenter à son arrivée en France, est suffisamment indiqué au moyen d'un tableau portant ces mots : *Bureau des douanes.* (*Arrêt de cass. du 6 décembre 1840; circ. n° 1791.*)

999 — 344 *bis.* Un individu venant de l'étranger par la route directe, qui n'a pas dépassé le premier bureau de douanes, ne doit pas être arrêté, encore bien que des avis reçus annonceraient qu'il projette une tentative de fraude. Lorsque des préposés ont reçu un avis de l'espèce, ils doivent se rendre au bureau d'entrée pour y opérer, s'il y a lieu, la saisie, conjointement avec les employés du service sédentaire. (*Déc. admin. du 27 janvier 1835.*)

CHAP. III. VÉRIFICATION.

1000 — 373 *bis.* L'attention des vérificateurs est spécialement appelée, lorsqu'ils procèdent aux visites, sur les divers produits et marchandises qui, par leur nature, se prétent davantage aux fraudes à l'aide de fausses déclarations, et notamment sur ceux suivants (1).

Borax raffiné et *sulfate d'ammoniaque*. (Voir n° 969 des suppléments.)

Linge de table. (Voir n° 970 des suppléments.)

Foulards. (Voir n° 971 des suppléments.)

Tulles..(Voir n° 972 des suppléments.)

Jury d'examen.

1001 — 377. Les commissaires experts établis par la loi du 27 juillet 1822, sont seuls compétents pour reconnaître l'espèce, l'origine et la qualité d'un produit arrêté par la douane. Les tribunaux ne peuvent, dans aucun cas, substituer leur propre appréciation à celle des experts. (*Arrêt de cass. du 30 janvier 1839; circ. n° 1747.*)

1002 — 382. Lorsque la douane a des doutes sur la sincérité de la déclaration d'un importateur, elle procède par acte conservatoire sans donner assignation ; l'instance judiciaire ne pouvant, dans ce cas, être introduite qu'après que le droit de saisir est ressorti de la décision des experts du gouvernement. (Voir n° 974 des suppléments.) (*Lettre adm. du 31 janvier 1839.*)

TARES.

NOTA. Plusieurs dispositions concernant les *tares* ont été indiquées dans ce supplément. Les voir aux importations par mer, Titre v. Chap. viii.

CHAP. IV. DROIT DE PRÉEMPTION.

1003 — 388. Lorsque des moutons revêtus de leur laine sont importés de l'étranger, les employés des douanes, si la valeur de la laine leur semble inexactement indiquée, ont le droit de déclarer la préemption. Toutefois, il convient de ne recourir à cette mesure, qu'après avoir invité les importateurs à rectifier leurs déclarations, en les avertissant des conséquences de leur refus. (*Lettre adm. du 13 mars 1837.*)

1004 — 388. A l'égard des marchandises destinées à être transférées d'un premier bureau d'entrée sur un second bureau où la déclaration en détail doit être faite et le droit acquitté, les employés ne peuvent exercer le droit de préemption qu'à ce second bureau, quand bien même la déclaration de la valeur aurait été faite au premier bureau. (*Lettre adm. du 7 mars 1836.*)

CHAP. V. DÉCLARATION ET VISITE FAITES A DEUX BUREAUX.

1005 — 392. Lorsque des marchandises importées par terre sont expédiées d'un bureau d'arrivée sur un second bureau où elles doivent être vérifiées en détail, le receveur qui délivre l'acquit à caution doit, à moins d'impossibilité absolue, tenir la main à ce qu'une caution solvable, habitant sur les lieux, ou le consignataire du deuxième bureau, au moyen d'un mandataire, s'engage, solidairement avec le voiturier ou le conducteur,

---

(1) On continuera de donner avec soin toutes les indications que fournira l'administration, et qui sont propres à aider les vérificateurs à reconnaître les fausses dénominations de marchandises.

de satisfaire, en cas de contravention, aux peines encourues. (*Lettre admin. du* 22 *mars* 1834.)

1006 — 400. Si, au deuxième bureau, la douane reconnaît qu'il existe un manquant dans les colis, ou qu'il a été mis dans l'un d'eux un objet autre que celui déclaré, l'amende encourue par le contrevenant est celle de 2,000 fr. par colis. Il y a lieu, en outre, à la confiscation si la marchandise est prohibée, et les moyens de transport sont retenus pour sûreté de l'amende (1). (*Lois du* 8 *floréal an* 11 , *art.* 42; 28 *avril* 1816, *art.* 30 *et* 31 ; *et lettre adm. du* 22 *mars* 1834.)

CHAP. VII. RESTRICTIONS.

Laines en masse.

1007 — 413. Les bureaux de *Condé*, par Bonsecours, et de *Lauterbourg*, sont ouverts à l'entrée des laines en masse. (*Ord. du* 7 *juillet* 1839, *art.* 3; *circ. n°* 1761.)

Fils d'étoupe.

1008 — 417. Les *fils d'étoupes*, (fils simples écrus d'étoupes qui fournissent 6000 mètres ou moins au kilogramme) ne peuvent être importés que par les bureaux ci-après :

Armentière,	Sierk,
Halluin,	Forbach,
Lille,	Strasbourg,
Baisieux,	Pont-de-Bauvoisin,
Condé,	Entre-deux-Guiers,
Blancmisseron ,	Saint-Laurent-du-Var.

(*Ord. du* 24 *septembre* 1840, *art.* 1er; *circ. n°* 1834.)

Fontes.

1009 — 417 *ter.* La *fonte brute* importée par terre, n'est soumise au droit fixé par la loi du 2 juillet 1836, qu'autant qu'elle est introduite par la partie de la frontière qui s'étend de *Blanc-Misseron*, au bureau du *Mont-Genèvre*, exclusivement.

Le minimum du poids que doit présenter chaque pièce de fonte, pour être admise à l'entrée, est fixé à 25 kilogr. (*Loi du* 2 *juillet* 1836; *ord. du* 24 *septembre* 1840; *circ. du* 28 *dudit n°* 1834.)

Grandes peaux brutes sèches.

1010 — 417 *ter.* L'importation des grandes peaux brutes sèches, d'origine européenne, au droit de 5 francs établi par la loi du 5 juillet 1836, est autorisée par le bureau de Sarreguemines. (*Ord. du* 7 *juillet* 1839; *cir. n°* 1761.)

---

(1) On ne doit jamais négliger de retenir les moyens de transport, d'abord, pour assurer le recouvrement des condamnations, ensuite pour éviter que la caution n'oppose à l'administration, qu'en laissant échapper le gage le plus certain de sa créance, elle lui a enlevé la possibilité d'exercer un recours utile contre le conducteur. (*Lettre adm. du* 22 *mars* 1834.)

Sabots.

1011 — 417. Les sabots *peints ou vernis*, sont les seuls pour lesquels il existe une restriction d'entrée. Ceux *communs*, assujettis à un droit inférieur à 20 francs par 100 kilog., sont admissibles par tous les bureaux indistinctement. (*Lettre admin. du 22 mars 1836.*)

1012 — 417. Le bureau de *Gravelines* est ouvert à l'importation des pipes à fumer en *terre commune*, jusqu'à la concurrence de 1200 kilogr. Celles émaillées, ou accompagnées d'ornements, ne peuvent être admises. (*Lettre admin. du 29 mars 1838.*)

CHAP. VIII. INTRODUCTIONS EN FRAUDE ET EN CONTREBANDE.

Contrebande à l'aide des chiens.

1013 — 420 *bis*. Sur les frontières de terre, de Dunkerque aux Rousses inclusivement, les chiens de forte race (1) que l'on tente de faire sortir de France, sans acquittement du droit de 5 fr. par tête dont les frappe l'ordonnance du 4 décembre 1836, doivent être saisis et détruits. Le droit de sortie n'étant applicable qu'aux chiens destinés aux spéculations de fraude, il n'atteint pas celui accompagnant un voyageur ; celui actuellement employé à la chasse ; celui destiné à la garde d'une voiture, et ceux que l'on emploie à la garde des bestiaux. (*Circ. du 7 décembre 1836, n° 1584.*)

1014 — 420. Lorsque des chiens conduits à l'étranger, comme l'explique l'art. précédent, sont dans le cas d'être saisis, la destruction de ces animaux doit être immédiate. Les procès-verbaux indiquent la taille, et donnent la description des chiens, afin de prouver que l'arrestation était fondée. Si les conducteurs, apercevant les préposés, prennent la fuite, les animaux sont abattus, mais il n'y a pas lieu de rédiger procès-verbal contre inconnus. Il est tenu note de l'événement au registre spécial de la brigade.

A moins d'une autorisation de l'administration, et excepté lorsque les tribunaux prononcent la contrainte par corps, les conducteurs ne doivent pas être soumis à cette peine. (*Lettre admin. du 9 janvier 1837.*)

1015 — 420. Les chiens chargés de fraude, qu'emploient sur les frontières les contrebandiers, ne sont pas les seuls qui puissent être abattus par les préposés. On doit abattre aussi ceux non chargés dont se servent les fraudeurs, soit pour hâter leur course, soit pour leur propre défense contre les attaques des agens de la douane. Une prime de trois francs est accordée aux préposés par animal détruit.

La même prime est allouée pour les chiens abattus que l'on conduit frauduleusement à l'étranger. (*Lettres admin. des 4 juin 1836 et 25 février 1837.*)

TITRE VIII. ACQUITTEMENT DES DROITS.

1016 — 434. La déclaration en détail déterminant seule le moment où les droits nouvellement établis sont perceptibles, c'est la date de la déclaration faite au *second bureau d'en-*

---

(1) On considère comme chien de forte race, celui qui a 335 millimètres au milieu de l'échine.

trée sur les frontières de terre, et non la déclaration sommaire reçue au *premier bureau*, qui fixe la perception du nouveau ou de l'ancien droit.

C'est également la déclaration en détail qui détermine l'application de la taxe à l'égard des marchandises inscrites au registre de dépôt en conformité de l'art. 9, titre 2 de la loi du 4 germinal an 2. (*Lettre admin. du 27 juillet* 1836.)

1017 —434. Les sucres expédiés par continuation d'entrepôt, et qui se trouvent en cours de transport, sont placés, relativement à l'application des droits, dans la même condition que ceux existant en entrepôt; ils peuvent, comme ceux-ci, être déclarés pour la consommation, et jouir du bénéfice de l'ancien tarif jusqu'au jour où le nouveau est légalement exécutoire.

Les déclarations d'acquittement ne sont reçues qu'aux douanes où ont été levés les acquits à caution. (*Déc. min. du 14 mai* 1840 *, circ. du* 21 *n°* 1811.)

CHAP. II. PAIEMENT EN EFFETS DE CRÉDITS.

1018 — 445 et 804 *supp.* Le cumul des acquits de paiement pour droits de douane afin de former la somme donnant lieu au crédit, est autorisée toutes les fois qu'un même redevable a, par la remise de plusieurs *déclarations* dans la *même journée,* donné ouverture à une perception de plus de 600 francs. La durée du crédit continue à partir de la date de la liquidation. (*Circ. du* 12 *octobre* 1839, *n°* 1778.)

1019 —445 et 804 *supp.* Le cumul peut encore avoir lieu dans le but de donner ouverture au crédit pour des liquidations qui auraient eu lieu dans le même jour, bien que pour des marchandises déclarées à des dates différentes. (*Circ. du* 26 *janvier* 1840, *n°* 1792.)

1020 —445 *res,* 804 *supp.* Le crédit n'est accordé, quand il s'agit d'acquitter l'impôt du sel, qu'autant que la réunion des déclarations d'une même journée, ou les liquidations, donnent ouverture à des droits excédant la somme de 600 francs (1). (*Circ. du* 26 *janvier* 1840 *n°* 1792.)

CHAP. III. ESCOMPTE.

1021 — 809 *supp. et* 473 *res.* La réunion de plusieurs acquits de paiement pour former une somme supérieure à 600 fr. (droits de douanes) et de 300 fr. (impôt du sel), et jouir par-là de l'escompte accordé par la loi, est autorisée lorsqu'un même redevable a, par la remise *des déclarations* dans *une même journée,* donné ouverture à cette perception.

Le cumul a lieu également pour des liquidations faites dans le même jour, bien que pour des marchandises déclarées à des dates différentes. (*Cir. du* 12 *octobre* 1839 *n°* 1778, *et* 26 *janvier* 1840 *n°* 1792.)

1022 — 471. L'escompte des droits de douanes, est accordé indistinctement dans tous les bureaux, toutes les fois que la somme à payer pour droits dus au trésor est supérieure à six cents francs. (*Circ. du* 27 *mai* 1820 *et lettre adm. du* 15 *mars* 1831.)

---

(1) On avait, par erreur, indiqué le chiffre de 300 francs; c'est *l'escompte* qui est autorisé quand la somme due par un redevable dépasse 300 francs. (*Cir. n°* 1792.)

CHAP. IV. MARCHANDISES ABANDONNÉES.

1023—480 *bis*. Les objets abandonnés en douane, et qui sont acquis à l'état, peuvent être mis en vente quoique le prix qui doit en être retiré n'atteigne pas le montant des droits auxquels ils sont imposés. En pareil cas, le prix de l'adjudication est intégralement appliqué aux droits. (*Lettre admin. du 17 octobre 1836.*)

CHAP. V. RÉFACTIONS POUR CAUSE D'AVARIES.

1024—487. Les marchandises avariées par suite d'événement de mer, sont seules admises à jouir du bénéfice de la réduction de droits accordée par l'article 51 de la loi du 21 avril 1818. On ne peut y prétendre pour une détérioration qui provient du vice du chargement ou d'un défaut de soin de l'objet embarqué. (*Lettre admin. du 12 novembre 1833.*)

TITRE IX. ENTREPÔTS.

CHAP. Ier. ENTREPÔTS RÉELS ET DÉPÔTS.

Marchandises prohibées.

1025—517. L'entrepôt des marchandises prohibées de toute espèce, autorisé par la loi du 9 février 1832, est accordé, aux conditions établies par cette loi, au port de *St-Valery-sur-Somme*. (*Ordon. du 17 septembre 1839, circ. 1775.*)

1026—517 Les conditions déterminées par la loi du 9 février 1832 étant remplies à l'égard de l'entrepôt de St-Valery-sur-Somme, le commerce est admis à profiter des avantages de cet entrepôt. (*Circ. du 18 mai 1840 n° 1810.*)

1027—520. Les marchandises prohibées peuvent arriver en France par le port de Dunkerque, sur des navires de 40 *tonneaux* ou plus. (*Déc. min. du 12 juin 1831.*)

Échantillons.

1028—522. Un entrepositaire qui veut prélever, à titre d'échantillon, un fragment de tissu entreposé ayant quelque valeur, doit en faire la déclaration; la douane, après vérification, garantit la reconnaissance identique de l'objet par une estampille à la rouille lorsque le tissu est de nature à en conserver l'empreinte, et, dans le cas contraire, en y apposant un plomb. L'entrepositaire se soumet, sous caution, à effectuer, à moins de réintégration en entrepôt, la réexportation de cet échantillon au plus tard lorsque la partie de marchandise sur laquelle a eu lieu le prélèvement, y sera elle-même assujettie, à peine du paiement de la quadruple valeur, conformément à l'article 6 de la loi du 9 février 1832 (1). (*Lettre admin. du 16 avril 1834.*)

---

(1) Le prix d'apposition est fixé à *cinq centimes*.

Les échantillons qui consistent en fragments sans valeur, ou que l'on consent à rendre tels en les lacérant, sont remis sans aucune condition. (*Lettre admin. du 16 avril 1834.*)

MARCHANDISES NON PROHIBÉES.

1029 — 534. Les denrées coloniales et autres marchandises de toute espèce, non prohibées à l'entrée, peuvent être reçues en entrepôt réel dans la ville d'*Abbeville* sous les conditions établies par les règlements, et notamment par l'article 25 de la loi du 8 floréal an 11. (Voir n° 535.) (*Ord. du 17 septembre 1839, circ. n° 1775.*)

CHAP. VI. SORTIE D'ENTREPÔT.

Pour la consommation.

1030 — 555. Le permis que délivre la douane pour autoriser la sortie d'entrepôt des marchandises, est affranchi du droit fixé par l'art. 27 de la loi du 27 vendémiaire an 2. (*Déc. admin. du 31 mars 1832.*)

1031 — 557. Les déficit reconnus à la sortie d'entrepôt réel sur les objets entreposés, et pour lesquels le commerce réclame la remise des droits, font l'objet d'un état sur lequel le contrôleur, l'inspecteur sédentaire et le directeur donnent leurs observations pour être soumises à l'administration. (*Lettre adm. du 16 mai 1831.*)

Bénéficiement; mélanges.

1032 — 560. Lorsque, par suite d'autorisation, des huiles d'olive étrangères reçues en entrepôt sont mélangées avec des huiles d'œillette françaises, l'opération du mélange ne peut avoir lieu qu'après que les préposés ont reconnu l'existence en entrepôt des huiles étrangères, et qu'au moment même de la réexportation. Le droit de sortie est acquitté sur les huiles françaises qui passent ainsi à l'étranger, et l'accroissement des quantités extraites d'entrepôt est mentionné au permis. (*Lettre admin. du 2 août 1836.*)

SORTIE POUR LA RÉEXPORTATION.

Marchandises prohibées.

1033 — 566 *bis*. Il est défendu de diviser en entrepôt des colis contenant des marchandises prohibées destinées à la réexportation. Toutefois, lorsque toutes les marchandises renfermées dans un colis n'ont pas *la même destination*, mais dans ce cas seulement, le chef de la visite peut permettre la division si le consignataire lui en justifie la nécessité. (*Loi du 9 février 1832, art. 20; circulaire du 23 septembre 1839 n° 1776.*)

MUTATIONS D'ENTREPÔT.

Port d'arrivée.

1034 — 598. Lorsque des marchandises sont expédiées par continuation d'entrepôt, et qu'à la vérification au port d'arrivée, il est reconnu un excédant à la quantité portée à l'expédition, cet excédant doit être pris en charge au nouveau compte qui est ouvert au négociant. (*Lettre admin. du 24 mars 1835.*)

CHAP. X. ENTREPÔTS FICTIFS.

Houilles, brais, fontes, cuivre, plomb, etc.

1035 — 618. Afin de donner aux bâtiments à vapeur plus de facilité pour s'approvisionner de la houille étrangère nécessaire pour leur navigation, il est permis aux négociants consignataires de placer en entrepôt fictif, dans tous les ports ouverts à cet entrepôt, les houilles qu'ils importent de l'étranger.* (*Déc. admin. du 7 novembre 1834.*)

1036 — 621. Les *brais* et les *goudrons*, quoique importés sous pavillon étranger, étant considérés comme marchandises d'encombrement, on peut, par exception, les admettre en entrepôt fictif lorsque les consignataires se sont soumis aux dispositions des articles 14 et 15 de la loi du 8 floréal an 11. (Voir nᵒˢ 622 et 635.) (*Lettre admin. du 13 juin 1834.*)

1037 — 621. La *fonte en gueuse;* le *cuivre pur* en masse brut; le *plomb* brut en saumons, et les *fers en barres*, peuvent, par mesure exceptionnelle, être mis en entrepôt fictif dans les ports d'entrepôt réel, sous les conditions et formalités voulues par les articles 14 et 15 de la loi du 8 floréal an 11 (Voir les nᵒˢ 622 et 635), et à charge, par les consignataires, de renoncer à la faculté de réexporter (1). (*Lettres admin. des 5 juin et 11 août 1834.*)

TITRE X. TRANSIT ET EMPRUNT DU TERRITOIRE ÉTRANGER.

CHAP. 1ᵉʳ. MARCHANDISES PROHIBÉES.

Échantillons.

1038 — 706 *bis*. L'importation pour le transit, des échantillons de marchandises prohibées, peut-être permise quand la douane reconnaît qu'ils consistent en fragments trop minimes pour qu'il en puisse être fait un autre usage. On doit exiger, dans le cas contraire, qu'ils soient réduits à un état tel, qu'il ne leur reste aucune valeur commerciale, autrement l'entrée n'a lieu que sous les formalités du transit (2). (*Lettres admin. des 3 janvier 1832 et 19 juin 1838.*)

Ports et bureaux d'entrée et de sortie.

1039 — 707. Les marchandises prohibées admissibles au transit peuvent être dirigées, à leur entrée en France, sur le bureau de Jougne. (*Ord. du 7 juillet 1839, art. 2; circ. nᵒ 1761.*)

1040 — 711 *bis*. Ne sont pas considérés comme arrivant par *mer*, les marchandises prohibées qui, dirigées des frontières de terre sur un port de mer, ont été momentanément mises en entrepôt dans ce port. Ces marchandises peuvent ressortir soit par les ports d'entrepôts *du prohibé*, soit par les bureaux marqués d'un ou deux astérisques, aux tableaux joints à la loi du 9 février 1832.

Les acquits-à-caution doivent mentionner le bureau des frontières de terre, par où elles ont été primitivement importées. (*Circ. du 11 avril 1840 nᵒ 1806.*)

---

(1) Lorsque, pour les fers, on ne veut pas renoncer à la réexportation, les barres sont poinçonnées aux frais des intéressés. Il est payé aux employés un centime pour chaque empreinte.

(2) Relativement aux échantillons de prix, on peut en permettre l'entrée en y attachant un plomb et en en garantissant la réexportation par le bureau même, au moyen d'un acquit-à-caution, et à peine du paiement du quadruple droit. (*Lettre adm. du 19 juin 1838.*)

CHAP. II. MARCHANDISES NON PROHIBÉES.

Armes, bois, carillons.

1041 — 714. Les fusils à deux coups, quel que soit leur calibre, n'étant pas considérés comme armes *de guerre*, on peut les admettre à la facilité du transit. (*Lettre admin. du 28 octobre 1833.*)

1042 — 714. Les fusils à un coup qui sont du calibre de guerre, encore bien que leur modèle soit autre que celui en usage dans les armes françaises, sont exclus du transit (*Instruction administrative du 15 novembre 1833.*)

1043 — 714 bis. Sont également exclus de la faculté du transit, d'après la loi du 9 février 1832, les bois de construction. (*Lettre admin. du 27 septembre 1832.*)

1044 — 714 bis. Lorsque des carillons importés, sont renfermés dans des boîtes d'espèce non prohibée, la boîte est considérée comme faisant partie intégrante du carillon; les droits à exiger, en cas d'abus, sont calculés d'après le poids réuni du contenu et du contenant. Si, au contraire, la boîte rentre dans la classe des marchandises *prohibées*, le carillon devient l'objet accessoire; sa valeur est réunie à celle de la boîte, et le tout est expédié sous les conditions générales du transit *du prohibé*.

Ces expéditions ont lieu par les bureaux ouverts aux marchandises non prohibées. (*Lettre admin, du 21 mars 1839.*)

1045 — 717. Les fils et tissus non prohibés, qui, aux termes de la loi du 2 juillet 1836, sont renfermés dans des colis *pressés*, peuvent, par exception, être expédiés par le bureau de Lille (Nord) quoique non ouvert au transit du prohibé. L'expéditeur qui veut jouir de cette faculté, l'énonce dans sa déclaration, et il y mentionne la valeur des tissus. L'acquit-à-caution fait connaître le *nombre*, le *poids* et la *mesure* des pièces; il énonce si les toiles sont *blanches, teintes,* ou *écrues,* et il rappelle la décision spéciale qui autorise l'expédition. (*Circ. du 24 juillet 1836 n° 1555; décision admin. du 11 septembre 1838.*)

Ports et bureaux d'entrée.

1046 — 715. Le bureau d'*Armentières* est ouvert au transit des marchandises *non prohibées*. Celui d'*Evranges* est substitué à celui de *Thionville*, pour le même transit. (*Ord. du 7 juillet 1839, art. 2, circ. n° 1761.*)

1047 — 715. Les marchandises *non prohibées* peuvent également être admises, à leur entrée en France, au bureau de *Bedous* par *Urdos* (1). (*Ordonn. du 18 décembre 1839, circ. n° 1788.*)

1048 — 715. Le bureau d'*Oost Cappel* est ouvert au transit des *lins*, à la condition que les voitures qui transportent ces lins seront plombées par capacité et escortées. (*Décis. adm. du 23 septembre 1834.*)

CHAP. IV. CONDITIONS GÉNÉRALES DU TRANSIT.

1049 — 720. Le transit des marchandises est effectué *aux risques des soumissionnaires;*

---

(1) Ce bureau est ouvert aussi à l'importation des marchandises désignées par l'art. 20 de la loi du 28 avril 1816 et par l'art. 8 de la loi du 27 mars 1817. (*Ord. du 18 décembre 1839.*)

les tribunaux ne peuvent, même en cas de perte dûment justifiée, affranchir ceux-ci du paiement du simple droit d'entrée. (*Arrêt de cass. du 21 janv.* 1839, *n*° 1744.)

Déclarations à l'arrivée. — Objets prohibés.

1050 — 726. La facilité accordée aux consignataires, dans les ports maritimes, de reconnaître le contenu des colis renfermant des marchandises prohibées avant de produire leur déclaration à la douane, est accordée aux négociants des frontières de terre. (*Lettre admin. du* 6 *octobre* 1831.)

1051 — 722. Le commerce est dispensé de désigner par *nature, espèce* et *qualité*, les marchandises prohibées arrivant par mer qui sont destinées au transit; il suffit d'en indiquer la *nature*, de manière à ce que la douane puisse reconnaître, lors de la vérification, que ces marchandises appartiennent à la catégorie de celles prohibées (1). (*Circ. du* 28 *septembre* 1839 *n*° 1776.)

Vérification.

1052 — 733. A moins de soupçons, les vérificateurs sont autorisés à se dispenser de mesurer les tissus qui leur sont présentés. Ils peuvent s'en rapporter, sur ce point, aux énonciations de la déclaration.

Quant aux différences constatées *dans le poids*, la tolérance pour les marchandises prohibées, ne peut s'étendre à ce qui, en plus ou en moins, dépasse le vingtième, encore faut-il que le nombre de pièces et les autres détails de la déclaration soient trouvés conformes. (*même circulaire.*)

1053 — 737. Lorsque le nombre des colis d'une même espèce de marchandise non prohibée, compris dans une déclaration ou dans un acquit-à-caution, est de cinq et au dessous, la vérification peut ne porter que sur un seul colis. Au-dessus de ce nombre, on ne vérifie qu'un cinquième des colis, et même moins quand le chef de la visite le juge sans inconvénient. (*Décision minist. du* 24 *septembre* 1839; *circ. du* 28 *n*° 1776.)

> NOTA. Cette disposition ne détruit ni n'altère en rien le droit qu'ont les employés, de procéder à des visites complètes; ils peuvent toujours en user sans avoir à rendre compte des motifs de leur détermination.

1054 — 737. Les fontes en gueuses *admisibles à l'importation*, dont le transit a été autorisé à titre d'essai, (voir n° 713), ne peuvent être expédiées que sous estampillage (2), et après qu'il a été prélevé, par la douane, un échantillon qui est poinçonné et renfermé dans une caisse revêtue du plombage. Les fontes en gueuses *non admissibles à l'entrée*, ainsi que celles qui, bien que passibles de droits, ne sont pas assez douces pour recevoir l'empreinte du poinçon, sont assujetties au plombage. (*Circ. du* 10 *février* 1840 *n*° 1796.)

1055 — 741. Si lors de la vérification d'une marchandise non prohibée destinée au transit, les vérificateurs reconnaissent un excédant de poids sur celui déclaré par l'expéditeur, l'amende du double droit d'entrée, encourue d'après la loi du 22 août 1791, n'est que le

---

(1) Comme par exemple *draperie, draps, étoffes* ou *tissus de laine, percales, calicots, cotonnades, étoffes, toiles, piqués* ou *tissus de coton, ouvrages en fer*, etc.

(2). Là circulaire n° 1897 explique comment le poinçon doit-être appliqué.

paiement *d'une fois le droit*, les marchandises de transit n'ayant pas de droit d'importation a acquitter. (*Lettre admin. du* 18 *février* 1839.)

État des colis.

1056 — 745. L'effet de l'art. 13 de la loi du 9 février 1832 est temporairement suspendu. Le commerce a la faculté de réunir dans un même colis des marchandises de diverses espèces et qualités, qu'elles soient ou non prohibées ou qu'elles appartiennent à la fois à l'une et à l'autre catégorie. Seulement, lorsqu'il y a dans le même colis réunion d'objets tarifés et d'objets prohibés, on applique à tous, le régime propre à ces derniers ; ils sont conséquemment expédiés sous les formalités et conditions générales du transit du prohibé. Les acquits-à-caution spécifient les différentes espèces ou qualités de marchandises dont l'expédition se compose. (*Déc. min. et circ. du* 10 *août* 1839 *n°* 1762.)

1057 — 745. Les produits chimiques présentés en douane pour être expédiés en transit, doivent être mis *en caisses*. (Tableau A annexé à l'ordonnance du 11 février 1832.) Toutefois, lorsque des chromates de potasse se trouvent dans des barils, et que ces barils sont bien conditionnés, les employés peuvent les admettre. (*Lettre admin. du* 20 *février* 1835.)

1058 — 745. Les colis renfermant des marchandises prohibées, peuvent être divisés en entrepôts avant le transit si les marchandises n'ont pas la même destination. C'est *dans ce cas seulement*, et après la nécessité de la division justifiée, que le chef de la visite peut permettre cette division. (*Circ. du* 28 *sept.* 1839 *n°* 1776.)

Échantillons.

1059 — 750. Les échantillons de tissus d'après lesquels la douane constate la sortie de France des marchandises, peuvent être réduits à la mesure de 7 ou 8 centimètres, et être placés sur des cartes ou livrets, avec indication de la pièce à laquelle ils se rapportent, de manière à ce que les employés n'aient plus qu'à s'assurer, lors de la visite, de leur conformité avec les pièces présentées. (*Lettre admin. du* 16 *sept.* 1831.)

1060 — 750. Quand des boîtes d'échantillons remises à un conducteur viennent à s'égarer, le receveur, si les colis et le plombage sont en bon état, et le poids, le nombre et la mesure des marchandises identiques, peut permettre la consommation du transit. Il prélève des échantillons pour être soumis aux experts du gouvernement, et, par une soumission cautionnée, il garantit les condamnations exigibles en cas de substitution frauduleuse ultérieurement reconnue. (*Lettre adm. du* 14 *février* 1837.)

1061 — 766. Dans les acquits-à-caution que délivrent les employés des douanes pour assurer le transport des marchandises *non prohibées*, le poids, en chiffrés, de ces marchandises doit être inscrit au verso, colis par colis ; on se borne à énoncer dans le corps de l'acquit les poids totaux en toutes lettres. (*Lettre admin. du* 12 *mai* 1832.)

CHAP. VI. VISA EN COURS DE TRANSPORT.

1062 — 775. Les visa à apposer dans les bureaux de seconde ligne sur les acquits-à-caution de transit (au verso formule B), doivent toujours être signés par deux employés. La signature d'un agent du service actif supplée, au besoin, à celle d'un employé de bureau. (*Lettre admin. du* 20 *avril* 1832.)

CHAP. IX. VÉRIFICATION DES ACQUITS.

1063 — 810 *bis.* Les chefs des bureaux ouverts à la sortie des marchandises de transit, doivent, par un examen attentif des extraits d'acquits-à-caution qui leur sont envoyés, chercher à discerner les expéditions suspectes, et donner, à temps, sur la ligne, les avis convenables. (*Circ. du* 29 *novembre* 1832.)

1064 — 811. La régularisation des acquits-à-caution, quand rien n'oblige à la suspendre ou à la refuser, doit suivre immédiatement l'opération de la visite, afin que la rentrée de ces acquits aux bureaux d'où ils émanent, s'effectue le plus promptement possible. (*Lettre admin. du* 3 *mai* 1833.)

TITRE XI. CABOTAGE.

CHAP. Ier. NAVIRES AUXQUELS LE CABOTAGE EST PERMIS.

Bateaux à vapeur.

1065 — 831 *bis.* Les bateaux à vapeur allant du Hâvre à Dunkerque, à Hambourg et à Rotterdam , jouissent des facilités suivantes :

Ils peuvent charger des marchandises françaises au Hâvre à la destination de Dunkerque, de Hambourg et de Rotterdam.

Ils peuvent aussi prendre des marchandises d'entrepôt pour Dunkerque.

A Dunkerque, il leur est permis de charger des marchandises de réexportation ainsi que des marchandises nationales soumises aux droits de sortie; et pour le Hâvre, des marchandises destinées à l'entrepôt ou des articles de cabotage.

A leur retour d'Hambourg et de Rotterdam , leur chargement peut avoir la double destination de Dunkerque et du Hâvre. (*Lettre admin. des* 10 *sept.* 1832 *et* 17 *févr.* 1834.)

Embarquement.

1066 — 860. Lorsque des marchandises sont expédiées par cabotage, l'embarquement à bord du navire ne peut commencer avant que les colis énoncés en un même permis n'aient été rassemblés sur le quai, et n'aient pu être comptés par les agents de la douane. La disposition de l'article 13 de la loi du 27 juillet 1822 , concernant les réexportations et les expéditions par continuation d'entrepôt, leur est applicable.

Si un permis comprend plusieurs sortes de marchandises, on ne doit exiger la représentation , à la fois, que de la partie entière de chacune d'elles. (*Lettre admin. du* 30 *mars* 1839.)

CHAP. III. PLOMBAGE.

1067 — 852. On peut se dispenser de plomber les écoutilles d'un navire de cabotage dont le chargement consiste en verres à vitres, dames-jeannes, cloches , bouteilles, etc. ; mais , en pareil cas, on doit plomber avec soin les caisses qui renferment les échantillons de la verrerie expédiée. (*Lettre admin. du* 6 *sept.* 1833.)

CHAP. V. EXPÉDITION A DÉLIVRER.

1068 — 873. Dans les expéditions de douane destinées à assurer le transport des chargements de houille, il ne faut pas seulement énoncer le poids moyen de l'hectolitre, on doit indiquer aussi si le mesurage a été fait à l'hectolitre *comble* ou à l'hectolitre *raz*. (*Lettre adm. du 12 mai 1833.*)

TITRE XII. EXPORTATIONS.

EXPORTATIONS FAVORISÉES PAR DES TRAITÉS (TEXAS ET L'URAGUAY.)

1069 — 959 *bis*. Les marchandises et produits qui sont exportés de France à destination du Texas, dont l'origine est dûment constatée, n'acquittent d'autres droits à leur arrivée, que ceux dus par les mêmes objets chargés sur navires texiens.

Les bâtiments français ne sont passibles, en arrivant au Texas, et à leur sortie, à d'autres ni plus forts droits de tonnage, de phare, de port, de pilotage, etc., affectant le corps du bâtiment, que de ceux auxquels sont, ou seront, assujettis les navires nationaux. (*Traité du 25 septembre 1839, ord. du 24 juin 1840, circ. n° 1820.*)

Voir, pour les *importations*, l'article 989 des suppléments.

1070 — 959 *bis*. Les navires français et les marchandises d'origine française expédiés de France pour les ports de la république de l'Uraguay, jouissent, à leur arrivée dans cet état oriental, des priviléges et avantages réservés aux bâtiments nationaux et aux objets qu'ils importent. (*Traité du 8 avril 1836, ord. du 15 avril 1840.*)

1071 — 959 *bis*. Les employés, pour prévenir toute contestation à l'arrivée des bâtiments, doivent avertir le commerce de la nécessité d'établir un rapport exact entre le manifeste, les connaissements, factures, lettres d'avis et les pièces délivrées par la douane du lieu de départ, et de s'abstenir, pour ne pas détruire cet accord, d'embarquements sous voiles, à moins de soumettre ces embarquements aux mêmes formalités que le reste de la cargaison. (*Lettre adm. du 14 mars 1831.*)

CHAP. V. EXPORTATIONS AVEC PRIMES.

Savons.

1072 — 1014 après le 6°. Les savons fabriqués avec des huiles de palme ou de coco, jouissent, à l'exportation, de la prime suivante:

Pour 100 kil. de savons exportés, il est tenu compte du droit de 43 kil. d'huile et de 35 kil. de soude ou natron.

Afin de compenser la tare, la bonification est augmentée de 13 p. 0/0 lorsque les huiles de palme ou de coco ont été importées en futailles. (*Ord. du 1er février 1840, circ. du 31 mars suiv. n° 1804.*)

Sucres.

1073 — 1014. Le rendement qui sert de base à la restitution du montant des droits perçus sur les sucres bruts employés à la fabrication des sucres raffinés, est calculé par chaque quintal de matière brute; le montant de la somme à restituer, comme prime, est indiqué par le tableau suivant:

TABLEAU *arrêté par* **M.** *le ministre des finances, des sommes à rembourser, à titre de primes, à la sortie des sucres raffinés, d'après les droits d'entrée et les rendements fixés par la loi du 3 juillet 1840.*

SUCRE DÉSIGNÉ PAR LES QUITTANCES.			DROIT D'ENTRÉE, décime compris.	PRIME PAR 100 KILOGRAMMES DE	
				Mélis ou 4 cassons et candis (rendement de 70 p. 0/0).	Lumps et tapés (rendement de 75 p. 0/0).
SUCRE. français. brut autre que blanc	de Bourbon		42 f. 35 c.	60 f. 50 c.	58 f. 01 c.
	d'Amérique		49 50	70 70	67 80
français. terré brun, *dit* moscouade	de Bourbon		66 00	94 29	90 41
	d'Amérique		73 15	104 50	100 20
étranger. brut autre que blanc	de l'Inde		66 00	94 29	90 41
	d'ailleurs hors d'Europe		71 50	102 14	97 95
étranger. terré brun, *dit* moscouade	de l'Inde		88 00	125 71	120 55
	d'ailleurs hors d'Europe		93 50	133 57	128 08

(*Loi du 3 juillet 1840, circulaire du 5 n° 1818.*)

Fils et tissus.

1074 — 1014. Les flanelles présentées à l'exportation avec prime, sont rangées, d'après l'art. 7 de la loi du 17 mai 1826, parmi les *tissus foulés;* elles sont passibles, ainsi classées, de la prime de 13 1/2 pour cent de la valeur, et non de celle de 260 fr. par quintal. (*Lettre adm. du 18 déc. 1832.*)

CHAP. VI. BUREAUX DE SORTIE.

Bureaux chargés des opérations relatives aux marchandises autres que les sucres et mélasses.

1075 — 1015 *bis.* Le bureau de *Turcoing* est ouvert à la sortie de toutes les marchandises expédiées avec primes, les sucres et les mélasses exceptés. La sortie définitive doit être constatée par les employés des bureaux d'*Alleux* et de *Baisieux* (1). (*Déc. min. du 11 décembre 1834, lettre adm. du 2 janvier 1835.*)

1076 — 115 *bis.* Les savons d'huile de palme et de coco, exportés avec jouissance de prime, ne peuvent sortir de France que par les ports de *Marseille, Bordeaux, Nantes* et *Le Hâvre.* (*Ord. du 1er février 1840, circ. du 31 mars suiv. n° 1804.*)

---

(1) Ces bureaux doivent être conséquemment ajoutés, le premier à la première section, les deux autres à la deuxième section de la 1re nomenclature jointe à la circulaire n° 1199.

Bureaux chargés des opérations relatives aux sucres et mélasses.

1077 — 1015, *page* 133. Les bureaux de *Halluin* et de *Baisieux* (dép. du Nord), cessent de faire partie de ceux qui sont ouverts à la sortie des sucres raffinés. (*Déc. minist. du 21 avril 1840, circ. du 8 du mois suiv. n° 1809*).

1078 — 1015, *page* 133. Les bureaux de *Béhobie* et d'*Urdos* sont admis à constater l'exportation, sous bénéfice de primes, des sucres raffinés qui ont été expédiés par les douanes établies dans les lieux où il existe des jurys d'examen (1). (*Déc. min. du 9 août 1839.*)

1079 — 1020 *bis*. A l'appui des déclarations faites à la douane pour les tissus expédiés à l'étranger sous bénéfice de primes, on peut recevoir, sans qu'ils soient revêtus de marques de fabriques, les certificats d'origine que délivrent des négociants ou entrepositaires des lieux d'exportation autres que les fabricants, lorsque ces entrepositaires ou négociants sont suffisamment connus. Les certificats qu'ils remettent doivent donner des renseignements complets sur la nature des produits, et établir, quant aux tissus mélangés de laine et d'autres substances, quelle en est la composition. (*Déc. administ.*)

Quittances du droit d'entrée.

1080 — 1023. Les quittances justificatives du paiement du droit d'entrée sur les sucres bruts employés au raffinage, ne sont reçues par la douane, qu'autant qu'elles n'ont pas plus de *quatre mois* de date. (*Loi du 3 juillet 1840, art. 3; circ. n° 1818.*)

1081 — 1024. Les receveurs n'ont pas à conserver les récépissés d'acquits de paiement déposés à l'appui de déclarations de sucres exportés avec prime; ils les adressent, par l'intermédiaire du directeur, à l'administration, après y avoir inscrit les quantités de sucre raffiné pour lesquelles ils les ont admis. (*Lettre admin. du 28 sept. 1833.*)

VÉRIFICATION.

Sucres, fils et tissus, savons, passementeries.

1082 — 1032. Les vérificateurs peuvent admettre à l'exportation sous bénéfice de prime, des pains de sucre raffinés dont la tête a été coupée sur une hauteur de 6 à 7 centimètres, pourvu qu'ils puissent juger, qu'étant entiers, leurs poids n'a pu excéder le taux de sept kilogrammes. (*Lettre adm. du 17 juillet 1832.*)

1083 — 1041. Dans les exportations de draps et autres tissus de laine, les vérificateurs ont à s'assurer que les valeurs déclarées ne dépassent pas le cours réel *en fabrique* et au *comptant*; leurs doutes sont portés à la connaissance de l'administration, qui, dans ce cas, appelle l'attention spéciale des experts du gouvernement; il n'y a pas lieu de dresser un acte conservatoire; il ne devrait être rédigé, qu'autant qu'il y aurait eu de la part du déclarant, intention d'obtenir, par *surprise*, une prime plus forte que celle attribuée par la loi. (*Lettre admin. du 4 mars 1834.*)

1084 — 1041. Il est recommandé aux vérificateurs d'examiner avec soin les savons présentés à l'exportation sous la désignation de savons d'huile de palme ou de coco, afin de

---

(1) Ces bureaux sont par conséquent ajoutés à ceux de la dernière section de la seconde nomenclature annexée à la circ. n° 1199.

s'assurer qu'on ne réclame pas la prime pour du savon de suif. (*Circ. du 31 mars 1840 n° 1804.*)

> NOTA. Les savons d'huile de palme ou de coco sont généralement jaunes ou d'un brun jaunâtre : ils ont la consistance des savons ordinaires et doivent avoir été amenés au même degré de dessiccation ; leur odeur est plus ou moins résineuse, et se rapproche souvent de celle de la poudre d'Iris. Les savons de suif conservent l'odeur propre à cette substance, lors même que l'on cherche à les parfumer ; en général, ils sont blancs, et, quand on les colore artificiellement, il est difficile de leur donner la teinte des savons de palme.

1085 — 1041. Il ne peut être présenté à l'exportation, avec réserve de prime, que de la passementerie de *pure laine*. Celle qui est mélangée n'est point admise au bénéfice accordé par la loi. (*Lettre admin. du 7 juin 1832.*)

Echantillons.

1086 — 1043. Les cartes d'échantillons à fournir pour les fils de laine, doivent comprendre : les numéros des échantillons classés par qualité et couleur ; le poids *net* de chaque partie de laine ; la quotité de la prime demandée, et la valeur, au kilog., de la laine lavée à chaud avant le paiement des droits, afin que les experts puissent facilement distinguer les échantillons qui obtiennent 200 fr. de prime par quintal, de ceux à qui il ne revient que 120 fr. (*Circ. manusc. du 16 fev. 1832.*)

1087 — 1081 *res. et* 839. *supp. Errata.* La décision administrative citée à cet article est du 27 août **1838**, et non du 27 août **1837**.

TITRE XIII. NAVIGATION.

CHAP. 1er NAVIRES QUI JOUISSENT DU PRIVILÈGE DE LA NATIONALITÉ.

Navires épaves ou jetés sur les côtes.

1088 — 1090. Un bâtiment étranger qui, battu par la tempête, vient échouer dans un port, peut être considéré comme ayant été jeté à la côte et jouir du privilége de la francisation, conformément à l'art. 7 de la loi du 27 vendémiaire an 2, si, d'ailleurs, il a subi les réparations de la quadruple valeur. (*Lettre adm. du 28 août 1832.*)

1089 — 1090. Les bâtiments provenant d'épaves, mis en adjudication par l'administration de la marine, ne sont admis aux avantages de la nationalité, qu'autant que le sauvetage ayant eu lieu en *pleine mer* il a donné lieu à la délivrance du tiers en nature ou en deniers, conformément à l'art. 27 de l'ordonnance de 1681. Les embarcations trouvées sur la côte auxquelles les dispositions de l'art 7 de la loi du 27 vendémiaire an 2 ne sont pas applicables (1), doivent être réexportées, ou payer le droit de 20 fr. par tonneau si elles sont destinées à la navigation intérieure. (*Lettre adm. du 23 août 1837.*)

1090 — 1092. Lorsqu'il s'agit, en matière de francisation, d'estimer la valeur d'un navire naufragé en faisant déduction des objets accessoires, il ne faut considérer comme

---

(1) Bâtiment naufragé, subissant des réparations égalant le quadruple du prix de la vente.

étant le *corps du navire*, que la coque avec ses bas-mâts ; ses porte-haubans, et ses chaînes ou lattes de porte-haubans. (*Circ. du 18 juillet 1839, n° 1759.*)

> NOTA. La circ. 1759 explique ce qu'on entend par bas-mâts, porte-haubans et chaînes de porte-haubans.

Changement de nom des navires.

1891 — 1113. En cas de changement de nom, de forme ou de tonnage d'un navire exigeant la délivrance d'un nouveau titre de nationalité, l'ancien acte de francisation doit être classé dans le dossier du bâtiment. On se borne, pour obtenir un nouveau brevet, à fournir un projet d'acte indiquant en marge le motif pour lequel il est réclamé. (*Lettre adm. du 28 avril 1834.*)

Passe-port.

1092 — 1149. Un navire étranger sortant d'un port de France doit être pourvu d'un passe-port, alors même qu'entré dans ce port en relâche forcée, il en ressort avec un acquit-à-caution ayant pour objet de garantir, éventuellement, le paiement des droits de navigation ; le passe-port est un permis de sortie destiné à faire connaître que le capitaine d'un bâtiment étranger venant d'un port français a satisfait à toutes les obligations qui lui sont imposées par la loi. (*Lettre adm. du 4 février 1839.*)

CHAP. V. DROITS DIVERS DE NAVIGATION.

Transfert.

1093 — 1153. Le droit de 6 francs établi par l'art. 17 de la loi du 27 vendémiaire an 2, pour l'inscription au dos de l'acte de francisation des ventes de tout ou partie des navires doit cesser d'être perçu par les receveurs (1). (*Ord. du 24 septembre 1840, art. 2.*)

DROITS DE TONNAGE.

Navires français.

1094 — 1158. L'exemption de droit de tonnage et d'expédition, accordée par la loi du 27 vendémiaire an 2, et par l'ordonnance du 23 juillet 1838, aux bâtiments français qui viennent de la pêche, de la course, de l'étranger ou d'un port du royaume, est étendue à ceux qui arrivent des possessions françaises d'outre-mer (2). (*Ord. du 24 septembre 1840, art. 2; circ. n° 1835.*)

Navires étrangers.

1095 — 1159. Un navire surpris en mer par un ouragan, qui se réfugie dans un port français, ne peut jouir du bénéfice de la décision ministérielle du 4 août 1828, (Tonnage à 50 cent.) que si son pays de provenance fait jouir le pavillon français des mêmes avantages. (*Lettre admin. du 14 sept. 1833.*)

---

(1) Voir le tableau au troisième supplément, page 24.

(2) Au tableau page 24 du troisième supplément, 14e ligne, substituer le mot *exempt* à ceux : 45 cent. par tonneau.

1096 — 1159. Le Traité du 26 janvier 1826 n'a d'effet, en ce qui concerne les droits de navigation, que pour le trajet direct d'un port de la Grande-Bretagne ou de ses possessions européennes, à un des nôtres.

Quand il s'agit de voyages ultérieurs de France en France, chacun des deux pavillons se retrouve dans sa condition ordinaire. (*Décision adm.*)

1097 — 1159, *page 25 du tableau, 3e supp.* Les navires *boliviens* arrivant dans les ports de France, sont exempts des droits de tonnage (1). (*Ord. du 26 juillet* 1837, *circ. n° 1647.*)

1098 — 1159. Les bâtiments *américains* ne doivent supporter le droit de 5 francs qui les frappe à leur arrivée en France, (2) que dans le port de prime abord ; le déchargement des marchandises composant leur cargaison peut s'effectuer dans plusieurs ports sans donner lieu à une nouvelle perception. (*Ord. du 3 septembre* 1822, *lettre adm. du 18 mai* 1831.)

1099 — *page 25, 4e supp.* Les navires du *Texas* sont affranchis, à leur arrivée dans les ports de France, du paiement du droit de tonnage. Quant aux droits de phare, pilotage, quarantaine et autres affectant le corps du bâtiment, ils ne paient que ceux auxquels sont ou seront assujettis les bâtiments français. (*Traité du 25 septembre* 1839, *ordon. du 24 juin* 1840, *circ. n° 1820.*)

1100 — 1159. Les exemptions et modérations de droits qu'indiquent l'article qui précède, sont accordées aux bâtiments appartenant à la république de l'Uraguay qui arrivent en France (3). (*Convention du 8 avril* 1836, *ord. du 15 avril* 1840, *circ. n° 1813.*)

Droit d'expédition.

1101 — 1161. Les navires *boliviens* étant assimilés aux navires nationaux en ce qui touche les droits de navigation, il n'est dû aucun droit d'expédition pour ceux arrivant dans nos ports. (*Ordonn. du 26 juillet* 1837, *circ. n° 1647.*)

1102 — 3e *supp., page* 27. Les bâtimens du Texas devant être traités à leur arrivée en France comme les navires nationaux, ils n'acquittent pas le droit d'expédition fixé par la loi du 27 vendémiaire an 2. (*Traité du 25 sept.* 1839, *ord. du 24 juin* 1840, *circ. n° 1820.*)

1103 — 3e *supp., page* 27. Les navires de la république de l'Uraguay sont traités, pour les droits de navigation, sur le même pied que les bâtiments français ; en conséquence ils n'ont aucun droit d'expédition à payer à leur arrivée en France. (*Traité du 8 avril* 1836, *ord. du 15 avril* 1840, *circ. n° 1813.*)

Droit d'acquit.

1104 — 3e *supp., page* 27. Avant les deux dernières lignes, ajouter, après brésiliens : texiens. (*Traité du 25 septembre* 1839, *circ. n° 1820.*)

navires de la république de l'Uraguay. (*Traité du 8 avril* 1836, *circ. n° 1813.*)

---

(1) Cette disposition avait été omise au tableau qui se trouve dans le troisième supplément.

(2) Voir au troisième supplément le tableau des droits, page 25.

(3) Cette disposition est établie pour huit années, à partir du 16 février 1840.

(3) Cette convention doit durer quinze ans, si avant cette époque un traité n'est pas conclu.

Droit de permis.

1105 — 3ᵉ *supp., page* 28. Après la 23ᵉ ligne il faut ajouter:

texiens. (*Ord. du* 24 *juin* 1840, *circ. n°* 1820.)

navires de la république de l'Uraguay. (*Traité du* 8 *avril* 1836, *circ. n°* 1813.)

1106— 1172. Le droit de permis de 50 centimes établi par l'article 37 de la loi du 27 vendémiaire an 2, est remplacé à l'égard des cargaisons françaises autres que celles qui sont destinées pour l'étranger, ou qui en arrivent, par le timbre de cinq centimes prescrit par l'art. 19 de la loi du 28 avril 1816. (*Ord. du* 24 *sept.* 1840, *art.* 2.)

1107 — 1172. Il n'y a lieu à la perception du droit de permis fixé par l'art. 27 de la loi du 27 vendémiaire an 2, que pour les *embarquements* ou les *débarquements*. Les permis relatifs aux sorties d'entrepôt sont affranchis de ce droit. (*Déc. adm. du* 31 *mars* 1832.)

Jaugeage.

1108 — 1186. La disposition de l'article 2 de l'ordonnance du 18 novembre 1837, qui prescrit de graver au ciseau sur les faces du maître bau le chiffre du tonnage légal des bâtiments, et d'appliquer des marques sur les points où ont été prises les dimensions principales d'après lesquelles le tonnage a été calculé, s'applique seulement aux navires français, et non aux bâtiments étrangers. (*Lettre adm. du* 5 *juin* 1839.)

1109 — 1186 *supp.*, 593. Les bateaux à vapeur sont jaugés d'après le mode que détermine l'ordonnance du 18 novembre 1837 (Voir, relativement à ce mode, l'art. 594 des supp.), excepté toutefois les modifications ci-après :

1° La plus grande largeur est mesurée au-dessous du pont dans la chambre des machines, sur le vaigrage, auprès de l'arbre des roues;

2° Le produit des trois dimensions est divisé par 3/80ᵉˢ, et les 60/100ᵉˢ du quotient expriment le tonnage légal du bâtiment. (*Ord. du* 18 *août* 1839, *art.* 1ᵉʳ, *circ. nᵃ* 1769.)

1110 — 1186 *supp.*, 593. Le mode établi pour le jaugeage des bâtiments français de toute espèce, soit par l'ordonnance du 18 novembre 1837, soit par la présente ordonnance, s'applique également, pour percevoir les droits de navigation, aux navires des pays étrangers où le mode d'établir la jauge ne fait pas ressortir, pour les navires français, un plus fort tonnage que le mode prescrit par lesdites ordonnances. (*Idem, art.* 2.)

NOTA. On doit se conformer pour l'indication du nombre de tonneaux et l'application des marques, à ce que prescrit la circulaire n° 1665.

CHAP. VII. MOUVEMENTS DE LA NAVIGATION.

1111 — 1202 *bis.* Il est formé et adressé périodiquement par le contrôleur chargé de la navigation, des états (série E n° 1, 1 *bis,* 1 *ter* et 1 *quater*) présentant les mouvements de la navigation de la France avec l'étranger et les colonies françaises, indiquant, par pays de provenance ou de destination, le nombre, le tonnage, et l'équipage des navires, et la participation des différentes nations dans les transports sous tiers pavillon. (*Circ. du* 17 *juin* 1814.)

NOTA. Cette circulaire fait connaître la forme des différents états, et elle contient des instructions particulière sur la manière de les établir.

TITRE XIV. LOCALITÉS ET MARCHANDISES SOUMISES A UN RÉGIME EXCEPTIONNEL.

CHAP. Ier. PROPRIÉTÉS LIMITROPHES.

1112 — 1213. L'immunité accordée par les règlements aux Français qui possèdent des terres à l'étranger à cinq kilomètres de la frontière, est inhérente à la terre, et non à celui qui l'exploite. Lorsqu'une propriété française se trouve dans les conditions voulues par l'ordonnance de 1814, le fermier, soit français, soit étranger, a le même droit que le propriétaire, de faire entrer ses récoltes en franchise, lors même que le prix du bail est stipulé payable en argent. (*Lettre admin. du* 6 *août* 1836.)

CHAP. II. ILES DU LITTORAL.

1113 — 1226. Le bureau de Porto-Vecchio est ajouté à ceux par lesquels peut avoir lieu, avec réduction des droits, l'importation des marchandises que désigne l'art. 5 de la loi du 21 avril 1818. (Voir n° 1226 *res.* (*Ord. du* 7 *juillet* 1839, *art.* 6.)

Port de Marseille.

1114 — 1249 *res. et* 850 *supp. Nota.* La déc. admin. citée à l'art. 850 du 3e supplément, est du 23 août **1838**, et non du 23 août **1828**.

Un jugement du juge de paix du 5e arrondissement de Paris, du 23 janvier 1839, a confirmé la règle qu'établit la décision du 23 août 1838.

CHAP. IV. BESTIAUX ET BÊTES DE SOMME.

1115 — 1298. Lorsque, par suite du passage momentané des chevaux d'attelage, ou de monture, sur le territoire étranger ou français, il y a lieu, pour les reconnaissances de liquidation, ou pour la délivrance des acquits-à-caution, de prendre et de décrire leur signalement, les employés se conforment, pour donner les signes caractéristiques qui constituent ce signalement, à l'instruction spéciale transmise par l'administration. Ces signes sont : 1° l'espèce, 2° les poils formant la robe, 3° les marques particulières, 4° l'âge, 5 la taille. (*Circ. du* 22 *sept.* 1840, n° 1833.) (Voir *l'Instruction détaillée.*)

1116 — 1300. Les certificats de décharge à apposer sur les acquits-à-caution destinés à assurer le passage d'une frontière à l'autre, des chevaux et bêtes de somme, peuvent être délivrés par les employés du service actif seuls, lorsqu'il est reconnu qu'il y a impossibilité, pour les employés des bureaux, de constater le passage à l'étranger ou à l'intérieur. Dans ce cas, les chefs de service accordent l'autorisation nécessaire, et il en est fait mention sur les acquits-à-caution. (*Lettre admin. du* 22 *février* 1839.)

CHAP. V. DRILLES ET CHIFFONS.

1117 — 1307. Les employés doivent considérer comme *drilles,* et, conséquemment, refuser la permission d'exportation, aux linges à pansement et à la charpie qu'on leur présente avec l'intention de les expédier à l'étranger. Les vieux linges de toute espèce étant rangés par la loi dans la classe des drilles, le linge à pansement et la charpie suivent le même régime. (*Déc. admin. du* 19 *fév.* 1838.)

CHAP. VII. COURRIERS.

1118 — 1332. Tous portefeuilles ou paquets diplomatiques présentés à la frontière par des courriers de cabinet français et revêtus de cachets officiels, doivent être soumis au plombage de la douane. Le courrier qui a obtenu un acquit-à-caution de plombage, ne peut en être déchargé que lorsque cet acquit a été visé à Paris par le ministre des affaires étrangères qui certifie que les cachets des portefeuilles ont été trouvés intacts, et que ces portefeuilles ne contenaient aucun objet prohibé (*Instr. admin. du* 5 *octob.* 1833.)

INTRODUCTIONS EN FRAUDE PAR LA VOIE DE LA POSTE.

1119 — 1964 *bis*. Lorsque des directeurs des postes, soupçonnant que des paquets peuvent contenir des objets prohibés ou sujets aux droits, en informent les agents des douanes, ces paquets ne sont remis aux destinataires, qu'en présence de deux délégués des administrations des douanes et des postes. Ces destinataires sont invités à faire eux-mêmes l'ouverture des paquets; il est dressé procès-verbal pour constater l'état de chaque paquet, son ouverture et son contenu, avec mention que ce qui était correspondance, a été remis sans examen.

Les paquets destinés pour Paris sont laissés au courrier et expédiés sous plomb avec acquit-à-caution. (*Déc. admin. des* 14 *nov.* 1834 *et* 22 *juin* 1835.)

Conducteurs de voitures publiques.

1120 — 1335. L'article 8 de la loi du 4 germinal an 2, concernant la responsabilité des conducteurs de messageries, est entendu en ce sens, qu'il ne suffit pas que les marchandises soient indiquées sur la feuille de voyage par la désignation du *nombre de colis* qui les renferment; elles doivent être portées sur cette feuille de manière à ce qu'on puisse reconnaître s'il y a identité entre elles et les marchandises trouvées à la vérification. (*Arrêt de cass. du* 8 *novembre* 1805, *lettre de l'adm. du* 31 *juillet* 1834.)

1121 — 1335. La non inscription sur la feuille de chargement, de bagages appartenant à des voyageurs qui se trouvent dans la voiture, donne lieu, quand il est reconnu que ces bagages contiennent des objets prohibés, à l'amende de 300 francs contre le conducteur, et à la saisie de la voiture comme moyen de transport, indépendamment de la confiscation et de l'amende de 500 francs encourue par le propriétaire pour le fait d'importation frauduleuse. Il n'y a pas lieu à la saisie des moyens de transport quand les objets de fraude sont trouvés sur la personne des voyageurs. (*Lettres adm. des* 17 *décembre* 1834, 29 *juin et* 19 *juillet* 1836.)

CHAP. IX PÊCHE DE LA MORUE.

Prime pour les produits.

1122 — 1358 *ter*. Les morues sèches de pêche française, exportées à destination des îles de Madère et de Porto-Santo, soit directement des lieux de pêche, soit des ports de

France, jouissent de la prime accordée par la loi du 22 avril 1832, au même titre que les morues de même espèce exportées à destination du Portugal même. (*Circ. du 25 juin 1839 n° 1757.*)

Retour de la pêche.

1123 — 1365. Un chef de service des douanes est autorisé à permettre que du sel soit délivré en franchise pour le repacquage des rogues de morue, à la condition que l'emploi de ce sel aura lieu en présence des employés. (*Lettre adm. du 30 juin 1832.*)

1124 — 1367 *bis.* Les morues séchées à Saint-Pierre et Miquelon, ou à la côte de Terre-Neuve, que l'on veut mettre en entrepôt à leur arrivée pour être réexpédiées en France, avec jouissance de la prime supérieure allouée par la loi du 9 juillet 1836, peuvent être mises en entrepôt *fictif* au lieu d'être placées sous la double clé du commerce et de la douane. Les entrepositaires conservent, dès-lors, la liberté de leur faire subir, hors la présence des préposés, les manipulations qu'ils jugent propres à leur conservation (*Déc. minist. du 22 septembre 1837, lettre de l'ad. du 2 octobre suiv.*)

1125 — 1367 *bis.* Ces morues ne sont mises en entrepôt fictif, que sous les conditions de cet entrepôt. (Voir *n°* 622.) La douane peut, ainsi, faire au besoin, des recensements dans les magasins, et elle conserve le droit, le cas échéant, de constater les soustractions et les substitutions qui pourraient être reconnues (1).

Ces facilités ne sont accordées qu'à titre de tolérance. En cas d'abus, elles cesseraient immédiatement. (*Mêmes déc. et lettres.*)

1126 — 1367 *bis. supp.,* 295 *et* 871. Le prix des plombs, pour les morues sèches exportées des entrepôts de la métropole à destination de nos colonies, sous bénéfice de prime, est fixé à 25 cent. par plomb. (*Déc. min. du 4 oct.* 1839, *circ. du 24 n°* 1781.)

Pêche de la baleine.

1127 — 1373. Le certificat de jaugeage à délivrer par la douane pour les navires faisant la pêche de la baleine, doit être rédigé d'après le modèle annexé à l'ordonnance du 20 février 1839. En conséquence, les employés ont à procéder aux deux modes de jaugeage prescrits par la loi du 12 nivose an 2, et par l'ordonnance du 18 novembre 1837, pour en présenter simultanément les résultats dans ce certificat. (*Ord. du 20 février 1839, circ. du 9 mars suiv. n°* 1745.)

CHAP. XI. OUVRAGES D'OR ET D'ARGENT.

Importation.

1128 — 1393. Les ouvrages d'or et d'argent importés en France, à l'exception de

---

(1) On doit constater avec une grande exactitude le poids de ces morues. Si l'on reconnaissait que des morues séchées en France ont été substituées, en entrepôt, à des morues provenant des sécheries de Saint-Pierre ou de Terre-Neuve, on procéderait dans la forme voulue pour les soustractions d'entrepôt, sauf, en cas de contestation, à provoquer l'expertise légale. Bien qu'il paraisse difficile, dans certains cas, de distinguer les morues séchées en France, d'avec celles qui ont été séchées à Saint-Pierre et Miquelon, ou sur la côte de Terre-Neuve, il y a des indications qui permettent de les reconnaître. (*Les voir dans la lettre citée.*)

CHAP. XVIII. GRAINS.

Importations.

1141 — 1495. Les directeurs, en adressant aux receveurs l'extrait de la mercuriale du mois, d'après laquelle la quotité des droits s'établit, font connaître, pour chaque espèce de grains et de farines (1), les droits à percevoir; ils rappellent, en même temps, pour éviter toute erreur, l'époque à partir de laquelle ces droits doivent être appliqués. (*Circ. du 19 avril 1839 n° 1752.*)

1142 — 1496. Les ports et bureaux ci-après désignés sont ajoutés à ceux par lesquels peut s'effectuer, d'après le tarif, l'importation des grains:

Ces bureaux sont : Salau, Ustou et Aulus (Arriège.) (*Ordon. du 24 mai 1839.*)

Mortagne (Nord.) (*Ordonn. du 1er février 1840.*)

Crepin (Nord.) (*Ordonn. du 24 février 1840.*)

Gabas, Lescun, Larrau, Lecumberry, les Alduldes, Olhette et Sarre (Basses-Pyrénées), et Sebourg (Nord.) (*Ordonn. du 21 juin 1840.*)

L'Hospitalet et de Sentein (Arriège) ; de Fos (Haute-Garonne), et de Vielle, de Génos, d'Aragnouet, de Gèdre et d'Arrens (Hautes-Pyrénées.) (*Ordonn. du 24 juin 1840.*)

Saint-Florent et Centuri (Corse.) (*Ordonn. du 18 juillet 1840.*)

Abbeville (Somme.) *Ordonn. du 21 juillet 1840, circ. n°s 1819 et 1827.*)

Exportations.

1143 — 1506. Les bureaux dont les noms suivent sont ajoutés à ceux par lesquels peut avoir lieu l'exportation des grains:

Thonne-la-Long (Meuse.) (*Ord. du 27 décembre 1837.*)

Abbeville (Somme). (*Ord. du 29 juillet 1840, circ. n°s 1819 et 1827.*)

TITRE XV. COLONIES ET COMMERCE DE L'INDE.

CHAP. II *bis.* RÉGIME DES NAVIRES ET DES MARCHANDISES AUX COLONIES.

Droits de navigation.

1144 — 1533 *bis.* Les droits de navigation à payer par les bâtiments français et étrangers, dans les ports de la Martinique et de la Guadeloupe et dépendances, sont perçus conformément au tarif joint à l'ordonnance du 18 décembre 1839.

Droits d'importation.

1145 — 1533 *bis.* Le tarif d'entrée des marchandises dans les colonies de *la Martinique* et de *la Guadeloupe*, est modifié à partir du 1er mars 1840, comme il suit:

1°. *Marchandises étrangères admissibles à l'importation.*

Les tableaux A et B joints à l'ordonnance du 8 décembre 1839, sont substitués aux ta-

---

(1) Ils emploient pour cette transmission, la formule n° 29, série E.

bleaux 1 et 2 annexés à l'ordonnance du 5 février 1826, pour déterminer les marchandises étrangères admissibles à l'importation dans lesdites colonies, et les droits d'entrée à percevoir sur lesdites marchandises.

Les marchandises portées au tableau A, lorsqu'elles viennent d'Europe ou des pays non européens situés sur la Méditerranée, ne sont admissibles à la consommation desdites colonies, qu'autant qu'elles sont importées directement des lieux de production, ou des entrepôts, par navires français ; dans ce cas elles jouissent d'une réduction de droits d'un cinquième.

2° Marchandises importées des établissements français sur la côte occidentale d'Afrique.

Les droits d'entrée sur les marchandises importées, par navires français, des établissements français sur la côte occidentale d'Afrique, lorsqu'elles sont accompagnées de certificats d'origine authentiques délivrés par les autorités locales, sont perçus conformément au tableau C, annexé à la même ordonnance.

3° *Marchandises importées de France.*

Les produits naturels ou manufacturés importés de France, dont les similaires étrangers compris aux tableaux joints à l'ordonnance précitée sont admissibles dans lesdites colonies, paient 5 centimes par 100 kilogrammes, ou par tête s'il s'agit d'animaux vivants.

Pour toutes les autres marchandises importées de France, non comprises aux tableaux A et B, les droits d'entrée ne peuvent être élevés à plus de 3 p. 0/0 de la valeur. (*Ord.* du 8 *décembre* 1839, *circ. n°* 1787.)

Entrepôts coloniaux.

1146 — 1533 *ter.* Un entrepôt réel de douanes, destiné à recevoir les marchandises désignées par l'article 1er de la loi du 12 juillet 1837, est accordé aux ports de Saint-Pierre et du Fort-Royal, à la Martinique, et, à la Guadeloupe, aux ports de la Pointe-à-Pitre et de la Basse-Terre. (*Ord. du* 31 *août* 1838, *art.* 1er, *circ. n°* 1763.)

> NOTA. Les établissements étant constitués, on peut expédier les marchandises susceptibles d'y être admises.

1147 — 1533 *ter.* Cet entrepôt sera situé sur le port et établi dans des magasins convenables, sûrs, réunis en un seul corps de bâtiment, et entièrement isolés de toutes autres constructions. Un local y sera réservé pour le placement d'un corps-de-garde de douanes.

Ces édifices, après avoir été agréés par le chef des douanes, seront affectés à l'entrepôt, en vertu d'un arrêté spécial du gouverneur de la colonie. (*Même ord.*, *art.* 2.)

1148 — 1533 *ter.* Tous les magasins servant d'entrepôt réel seront fermés à deux clés, dont l'une restera entre les mains des préposés des douanes et l'autre entre les mains de l'agent du commerce. (*Idem, art.* 3.)

> NOTA. Tout ce qui a rapport au *manifeste* des capitaines; à la *déclaration* des consignataires; au *déchargement* et à la *visite* des marchandises, se trouve réglé par la même ordonnance d'une manière analogue à ce qui se pratique dans les ports de France. Il en est de même de la police et des conditions de l'entrepôt. (*Voir* l'ordonnance.)

l'horlogerie étrangère, sont dirigés par acquit-à-caution sous plomb, non sur le bureau de garantie le plus voisin, mais sur tous les bureaux de garantie indistinctement (1). (*Ord. du 28 juillet 1840, circ. du 15 sept. suiv. n° 1832.*)

Exportation.

1129 — 1405. Les ouvrages d'or et d'argent peuvent être exportés sans marques des poinçons français et sans paiement du droit de garantie, pourvu qu'après avoir été soumis à l'essai et reconnus au titre légal, ils restent déposés au bureau de la régie, ou placés sous la surveillance de ses préposés jusqu'au moment où l'exportation est constatée. (*Ord. roy. du 30 décembre 1839; circ. du 15 septembre 1840 n° 1832.*)

1130 — 1405. Lorsque les ouvrages sont emballés dans des colis renfermant d'autres marchandises, l'emballage doit avoir lieu en présence des employés des contributions indirectes, lesquels escortent les colis et assistent au plombage en douane. (*Circ. du 15 sept. 1840, n° 1832.*)

1131 — 1405. Les agents de la régie certifient de leur concours, par l'attestation suivante apposée sur la soumission spéciale : « Le colis accompagné par nous à la douane, a été » plombé en notre présence et expédié avec acquit-à-caution, n°   en date de ce jour. »

Sauf le cas de suspicion de fraude, les employés des douanes se bornent à reconnaître l'existence des plombs ou cachets, et à constater le fait matériel de la sortie des colis.

Le certificat de reconnaissance est conçu en ces termes :

« Nous soussignés. . . . . . certifions avoir reconnu sains et intacts les cordes et » plombs du colis mentionné au présent acquit et énoncé contenir de. . . . . »

(*Même circulaire.*)

1132 — 1405. L'exportation reste soumise à la formalité de l'acquit-à-caution avec soumission de justifier, dans un délai de trois mois, de l'exportation définitive. Les signatures du certificat de décharge apposées sur cette expédition, sont légalisées par le directeur, et celle de ce chef par l'administration. (*Même circulaire.*)

> NOTA. Quelques bureaux ont été ajoutés à ceux désignés, pour la sortie, par l'ordonnance du 3 mars 1815. Le tableau n° 1, joint à la circulaire n° 1832, donne une nomenclature complète de ces bureaux.

1133 — 1408. Les employés des douanes du bureau de sortie, après avoir certifié sur la soumission d'exportation, ainsi que sur la déclaration descriptive, le passage effectif à l'étranger, apposent leur visa sur l'acquit de sortie, et ils remettent ces trois pièces au conducteur, ou autre agent intéressé à l'exportation (2). (*Circulaire du 4 août 1825 n° 932, lettre administ. du 27 juin 1833.*)

---

(1) La nomenclature de ces bureaux est donnée par le tableau 2 joint à la circulaire du 15 septembre 1840.

(2) La première de ces trois pièces sert à obtenir la restitution des deux tiers du droit de garantie, et les deux autres à appuyer la demande en réintroduction, si elle doit avoir lieu. (*Circ. n° 932.*)

CHAP. XIII. TABACS.

1134 — 1441. Le plomb apposé par les agents des contributions indirectes, sur les colis de tabacs dont l'expédition a lieu d'un point de la France sur un autre point, étant suffisant pour prévenir les abus, la douane doit s'abstenir de plomber les bateaux *exclusivement* chargés de tabacs plombés par la régie. (*Lettre admin. du 4 octob.* 1838.)

1135 — 1448. L'indemnité que paie la régie des contributions indirectes en sus du prix de classement pour les tabacs de qualité supérieure saisis par les préposés des douanes, est partagée entre ces derniers exclusivement comme lorsqu'il s'agit de gratification de capture, c'est-à-dire sans que leurs chefs participent au partage. (*Lettre adm. du 7 avril* 1836.)

CHAP. XIV. ARMES.

Importées et exportées.

1136 — 1452. Les fusils doubles qui, par leur nature et leur valeur, sont dans le cas d'être rangés dans la classe des armes de luxe, sont compris dans la nomenclature des armes dont l'importation est libre, conformément à la décision du ministre de la guerre du 22 janvier 1818, confirmée le 29 juin 1821. (*Lettre adm. du 7 mai* 1834.)

1137 — 1453. Quand on présente à l'importation des bois de fusils, ou de pistolet, simplement ébauchés, ou qui, par leur nature ne peuvent servir qu'à la fabrication des armes de commerce, aucune autorisation préalable n'est nécessaire. Il n'en est pas de même, lorsque ce sont des bois achevés propres aux armes de guerre ; ceux-ci rentrent dans la catégorie des pièces d'armes qui ne peuvent être importées qu'avec l'autorisation du gouvernement. (*Déc. adm. du 31 mars* 1839.)

NOTA. La même règle est suivie pour l'*exportation.*

1138 — 1460. Doivent être compris dans la nomenclature des armes dont l'exportation est permise, les fusils doubles qui, par leur nature et leur valeur, sont dans le cas d'être rangés dans la classe des armes de luxe. (*Lettre adm. du 7 mai* 1834.)

Transit.

1139 — 1462 *bis.* Les pistolets du calibre de guerre valant au moins 30 francs, qui viennent de l'étranger, sont considérés comme armes *de luxe* ; ils peuvent dès-lors être admis au transit comme marchandise non prohibée. L'autorisation du ministre de la guerre n'est pas nécessaire pour effectuer leur expédition. (*Lettre adm. du 9 février* 1835.)

CHAP. XV. CARTES.

1140 — 1467. Les saisies de cartes à jouer opérées par les préposés des douanes à l'importation, doivent être, comme dans tous les autres cas, constatées à la requête de l'administration des contributions indirectes, par application des articles 160 à 170, titre 5 de la loi du 28 avril 1816. (*Circ. du 26 novembre* 1840 *n*° 1839.)

NOTA. Les contrevenants sont mis en état d'arrestation et conduits immédiatement devant l'officier de police judiciaire. (*Même circ.*)

Crédit des droits.

1164 — 1606. Le crédit des droits sur les sels, n'est accordé, qu'autant que la réunion des déclarations d'une même journée, ou les liquidations, donne lieu à des droits excédant la somme de 600 fr. C'est l'escompte qui est accordé, et non le crédit, pour les sommes dépassant 300 francs. (*Circ. du 26 janvier* 1840 *n*° 1792.)

Entrepôt—boni.

1165 — 1699. Si une masse de sel a été entreposée avec une portion quelconque des 5 p. 0/0 de la quantité extraite des lieux de production (boni), et qu'à l'apurement de l'entrepôt ce boni ne soit pas absorbé, la portion afférente aux quantités mises en consommation, ou livrées en franchise, et que l'on remet au propriétaire moyennant l'acquittement du droit, jouit de la déduction de 5 p. 0/0 pour déchet. (*Circ. des 9 novembre* 1814, 28 *août* 1816, *et 3 juillet* 1840 *n*° 1817.)

CHAP. XIII. pêche et salaisons.

1166 — 1755 *bis.* Le délai à accorder pour le rapport des acquits-à-caution délivrés pour les sels qui sont destinés à la pêche en mer, est fixé à un an. Ce délai peut être prorogé si des événements de force majeure, dûment constatés, le rendent nécessaire. Dans ce cas, les soumissions souscrites doivent être renouvelées. (*Déc. administ. du* 12 *août* 1835.)

1167 — 1807. Les harengs caqués ou braillés soit à terre, soit en mer, peuvent être expédiés, par les receveurs des douanes, d'un lieu où il existe des ateliers qui préparent ces poissons, sur un autre lieu, aux conditions ci-après:

1° Que les harengs devront provenir soit d'un bateau pêcheur actuellement en déchargement, soit d'un atelier où ils auront été pris en compte.

2° Que l'arrivée au lieu de destination, quel que soit le mode de transport, sera assuré par un acquit-à-caution contenant, outre la description de l'espèce de poisson, l'engagement de faire porter au compte de l'un des ateliers du lieu de destination, les harengs pour lesquels il a été délivré. (On se sert de l'acquit-à-caution série M, n° 51.) (*Lettre admin. du 3 janvier* 1838.)

CHAP. XVI. restitution du droit sur les viandes et les beurres salés.

1168 — 1856. Les restitutions de droits allouées aux exportations par mer, des viandes de bœuf et de porc et des beurres salés, continuent à être liquidées d'après les fixations déterminées, pour chaque classe, par l'art. 2 de l'ordonnance du 22 juin 1820 et par l'art. 1er de l'ordonnance du 23 novembre 1825.) (*Ord. du 28 juillet* 1840, *art.* 1er.)

1169 — 1856. Ont droit aux restitutions de la première classe les exportations faites aux destinations ci-après:

Les pays étrangers transatlantiques,

Les colonies et comptoirs français.

La pêche de la baleine,

La pêche de la morue.

Ne jouissent que des restitutions de deuxième classe, les exportations effectuées aux destinations ci-après :

Les pays étrangers d'Europe,

Les possessions françaises dans le nord de l'Afrique.

Le Levant, l'Égypte et les États Barbaresques sur la Méditerranée. (*Même ord., art.* 2.)

Les viandes de bœuf et de porc salées exportées par la frontière de terre des Pyrénées, jouissent de la restitution de seconde classe. (*Même ord., art.* 3.)

CHAP. XVII. CONTRAVENTIONS.

1170 — 1868. La répression de la fraude à l'égard des sels que l'on tente d'importer de l'étranger soit par les frontières de terre, soit en les débarquant sur les côtes, ne se poursuit pas en vertu des réglements spéciaux à cette denrée ; les préposés verbalisent en invoquant la loi du 28 avril 1816 ou celle du 21 avril 1818, selon que la saisie a été faite à l'importation par terre, ou qu'elle a été opérée sur les côtes. (*Lettre admin. du 7 mars* 1838.)

TITRE XVII. CONSTATATION DES DÉLITS ET CONTRAVENTIONS.

CHAP. Ier. FORME OBLIGÉE A DONNER AUX RAPPORTS.

1171 — 1903. Les déclarations et interpellations imposées aux saisissants par l'art. 3 de la loi de floréal an 11, en ce qui concerne la *partie saisie*, s'appliquent seulement aux *préposés à la conduite*, aux *détenteurs* ou *dépositaires*, et non au *propriétaire intervenu*. (*Arrêt de cass. du* 29 *décembre* 1838, *circ. n°* 1730.)

1172 — 1932. Un rapport de saisie est régulièrement affirmé, quoique l'affirmation ait eu lieu devant le juge de paix du canton où se trouve situé le *bureau de dépôt* des marchandises arrêtées par la douane. (*Arrêt de cass. du* 29 *décembre* 1838, *circ. n°* 1730.)

1173 — 1937 *bis*. L'affirmation d'un procès-verbal, faite par les préposés devant un juge de paix, n'est pas nulle parce que ce juge de paix se trouve être le prévenu lui-même contre lequel on a verbalisé. (*Arrêt de cass. du* 21 *juin* 1840, *circ. du* 18 *août* 1840 *n°* 1830.)

1174 — 1937 *bis*. La date de l'affirmation d'un procès-verbal de saisie, peut résulter des preuves prises en dehors des énonciations insuffisantes de l'acte qui la constate ; ainsi, le rapprochement de la date du rapport avec celle de l'enregistrement, l'établit d'une manière irréfragable. (*Arrêt de cass. du* 22 *mars* 1839, *circ. n°* 1754.)

Inscription de faux.

●**1175 — 1938 *bis*.** Une requête faite en vertu de l'art. 12 du titre 4 de la loi du 9 floréal an 7, pour effectuer le dépôt au greffe des moyens de faux, doit être remise dans les trois jours de la déclaration d'inscription de faux ; elle doit, d'ailleurs, présenter les *faits*, les *actes*, les *circonstances* par lesquels l'inscrivant entend prouver la fausseté des faits de contravention déclarés dans un procès-verbal rédigé contre lui. (*Arrêt de la Cour royale de Douai du* 15 *février* 1838.)

1176 — 1945. Quand il s'agit d'une saisie dont la connaissance appartient au tribunal

1149 — 1533. Les marchandises dont la nomenclature est donnée par l'ordonnance du 8 décembre 1839, sont les seules qui puissent être admises à la consommation aux Antilles, soit directement de l'étranger, soit des entrepôts de la métropole ou de ceux des colonies; les autres productions étrangères doivent préalablement être nationalisées en France par le paiement des droits. (*Circ. du 2 juillet* 1840 *n*° 1816.)

1150 — 1533 *ter.* Les marchandises étrangères extraites des entrepôts de la métropole, doivent, sans exception de celles admissibles dans les colonies, être expédiées sous les formalités générales des mutations d'entrepôt, comme celles dirigées des entrepôts coloniaux sur les ports de la métropole. (*Circ. du* 19 *août* 1839 *n*° 1763.)

1151 — 1533 *ter.* Toutefois, la règle d'après laquelle les mutations qui s'effectuent d'un entrepôt sur l'autre ne donnent lieu à aucune prolongation de délai, n'est point applicable aux marchandises dirigées sur les colonies. Quelle que soit la date de leur entrée primitive dans les entrepôts métropolitains, elles jouissent, dans ceux des Antilles, du délai de trois ans accordé par l'article 21 de l'ordonnance du 31 août 1838. Il en est de même en France, à l'égard des marchandises qui arrivent des entrepôts coloniaux. (*Même circulaire.*)

ENTREPÔT A SAINT-DENIS (ILE-BOURBON.)

1152 — 1534 *bis.* Toutes les dispositions de l'ordonnance du 31 août 1838, relative aux entrepôts des colonies des Antilles, sont appliquées à l'entrepôt de Saint-Denis de Bourbon; seulement les tissus étrangers de laine, de soie et de poil n'en peuvent être réexportés qu'à destination de la métropole. (*Ord. du* 18 *déc.* 1839, *circ. du* 30 *n*° 1789.)

CHAP. V. RETOUR DES COLONIES.

1153 — 1537. Toutes les fois qu'un navire français venant d'un pays hors d'Europe et même des colonies françaises, n'a fait qu'une simple relâche, soit en Angleterre, soit ailleurs, cette relâche n'est pas considérée comme une interruption du *transport direct,* lorsqu'il est justifié par un certificat du consul de France, dans le port d'escale, ou, à défaut d'agent consulaire, par une attestation des douanes locales, qu'il n'y a été opéré aucun débarquement ou embarquement de marchandises. (*Déc. minist. du* 7 *avril* 1840, *circ. du* 15 *n*° 1807.)

1154 — 1546. L'autorisation conditionnellement donnée aux directeurs, de statuer, au retour des navires venant de nos colonies, sur l'application du privilége colonial à l'égard de ces navires, leur est accordée désormais sans qu'ils aient à prendre l'attache de l'administration, excepté seulement, en cas de doute sur la nationalité du bâtiment, la provenance des denrées, l'authenticité des pièces produites, et l'irrégularité des escales. (*Circ. du* 24 *avril* 1840 *n*° 1808.)

TITRE XVI. SELS.

CHAP. Iᵉʳ. IMPORTATION DES SELS ÉTRANGERS.

1155 — 1577. Lorsqu'il y a impossibilité de placer des sels de St-Ubes en entrepôt réel, parce que les magasins sont entièrement remplis, les propriétaires peuvent obtenir qu'ils soient déposés dans un magasin particulier sous la clé de la douane. Ils fournissent une soumission par laquelle ils déclarent qu'ils paieront, outre la valeur de la marchandise, et l'a- mende de 500 francs, une somme calculée à raison de 30 francs par 100 kil. de sel, pour les quantités manquantes lors de la sortie des magasins. (*Lettre adm. du 18 mars 1834.*)

1156 — 1577. Le sel de St-Ubes provenant de saisie peut être mis en vente, à charge par l'adjudicataire de le placer en entrepôt, afin qu'il ne puisse recevoir d'autre emploi que celui de la pêche de la morue. (*Lettre administ. du 26 avril 1831.*)

CHAP. III. SELS EXTRAITS DES MARAIS SALANTS.

Vérification.

1157 — 1590. L'ustensile en usage pour opérer la vérification des sels, désigné, jus- qu'ici, sous le nom de *demi-hectolitre*, continue à être exclusivement employé à leur mesu- rage, à la condition qu'il ne sera ni poinçonné, ni soumis à la vérification du vérificateur des poids et mesures. Il prend la dénomination de *cône-tronqué*. (*Déc. minist., circ. du 18 février 1840 n° 1795.*)

1158 — 1595. Il est défendu, lors du pesage des sels, d'accorder aucun trait ou bon poids. Si l'aiguille se place entre deux fers, le poids *est fait* et il doit être constaté. On peut admettre, toutefois, la tombée du plateau, mais elle ne peut dépasser le poids de 20 décagrammes. Les balances doivent être tenues en état d'osciller par l'effet de ce poids fractionnaire. (*Circ. du 7 septembre 1839 n° 1767.*)

1159 — 1595. Les commerçants peuvent demander que le sel soit pesé dans le sac même où il est versé en sortant du demi-hectolitre. La douane, dans ce cas, fait placer dans le plateau opposé, un sac du même poids que celui qu'on a rempli de sel. (*Même circulaire.*)

1160 — 1595. Dans les lieux où le commerce demande que les sels soient pesés inté- gralement, la douane est autorisée à employer ce mode de vérification. Quelle que soit la quantité de sel contenue dans le sac, la tombée du plateau ne peut jamais excéder 20 décagrammes.

L'expédition qui accompagne le chargement doit spécifier quel est le mode de pesage qui a été employé. (*Circ. du 7 septembre 1839 n° 1767.*)

1161 — 1595. Il est permis de faire usage, dans le pesage des sels, du poids de 50 décagrammes (moitié du kilog.); la loi du 4 juillet 1837 et celle du 18 germinal an 3 admettant l'emploi de ce poids. (*Lettre adm. du 25 mars 1839.*)

Tare,

1162 — 1596. A moins que la tare du cône tronqué ne soit faite *après chaque pesée* de la mesure pleine, elle ne peut avoir lieu que deux fois; la première au commencement, la seconde, à la fin de chaque vacation. (*Circ. du 7 septembre 1839 n° 1767.*)

1163 — 1596. Le vérificateur, ou l'agent qui le supplée, après avoir constaté, soit à l'embarquement des sels, soit à leur débarquement, la tare du cône tronqué employé au mesurage, doit indiquer sur l'acquit-à-caution, le nombre de fois qu'il a pesé cette mesure vide. (*Circ. du 18 janvier 1839 n° 1727.*)

correctionnel, le prévenu peut, d'après la loi du 9 floréal an 7, se faire représenter à l'audience pour y faire formuler son inscription de faux. (*Lettre adm. du 3 juin 1837.*)

CHAP. II. ASSIGNATION ET CITATION.

1177 — 1948 bis. La citation à donner à des prévenus en matière correctionnelle, à raison de contraventions aux lois sur les douanes, n'est soumise qu'à un seul droit d'enregistrement, quel que soit le nombre des prévenus impliqués dans l'affaire, lorsque l'amende est *solidaire ;* il y a lieu, au contraire, à la multiplicité des droits à raison du nombre des individus saisis, si l'amende est *individuelle.* (*Circ. du 26 novembre 1839 n° 1784.*)

CHAP. IV. SAISIES DE MINUTIES.

1178 — 1959. Les saisies provenant d'arrestations partielles sur inconnus, sont constatées par mois lorsque le produit à répartir, tous frais déduits, s'élève à plus de 50 francs. Dans le cas contraire, la rédaction du procès-verbal peut être différée jusqu'au mois suivant, mais chaque brigade doit verbaliser pour ce qu'elle a saisi elle-même. Un procès-verbal ne doit pas réunir ce qui a été saisi par plusieurs postes. (*Lettre adm. du 10 février 1834.*)

CHAP. V. VENTE DES MARCHANDISES.

1179 — 1973 bis. Les affiches apposées au nom de l'administration des douanes pour annoncer la vente des marchandises provenant de saisies, sont dispensées de la formalité du timbre (1.) (*Déc. minist. du 27 brumaire an 6 ; circ. du 15 octobre 1839, n° 1779.*)

Saisies irrégulièrement constatées.

1180 — 1984. Dans toutes les procédures suivies en matière de contraventions aux lois de douanes, on doit observer les règles suivantes :

1° Les *procès-verbaux* revêtus de toutes les formalités prescrites par le titre 4 de la loi du 28 avril 1799 (9 floréal an 7) font foi, jusqu'à inscription de faux, de tous les *faits* qu'ils constatent, et nul témoignage ne peut être admis contre leur contenu ; cette règle s'applique aux affaires de compétence *civile* comme à celles de compétence *correctionnelle.*

2° Dans les procès de nature à être portés devant cette dernière juridiction (les tribunaux correctionnels), l'administration et le ministère public qui la représente peuvent, en cas de nullité, et même à défaut d'un procès-verbal de saisie, demander à faire, par les voies légales, *la preuve* des faits de fraude et de contrebande qu'ils dénoncent à la justice, et ces faits, une fois prouvés, les tribunaux ne peuvent se dispenser d'appliquer aux contrevenants les peines *pécuniaires* et *corporelles* que comporte le délit d'après les lois de la matière (2). (*Arrêt de cass. des 22 novembre 1838 et 8 février 1839, circ. du 15 mars 1839 n° 1748.*)

---

(1) La même dispense s'applique à toutes les affiches qui peuvent concerner le service de l'administration des douanes.

(2) Les marchandises prohibées *conditionnellement,* sont assimilées, dans les saisies, à celles prohibées *d'une manière absolue.* (Voir la circ. n° 1748.)

1181 — 1977. Lorsque des marchandises tarifées sont vendues pour une somme inférieure au montant des droits dont elles sont passibles, elles ne sont pas réexportées ; le prix de la vente est porté intégralement en recette pour tenir lieu de ces mêmes droits. Les frais, lorsqu'il n'a pas été possible de les recouvrer sur les prévenus, sont prélevés sur ce produit. (*Lettre adm. du* 13 *juin* 1834.)

CHAP. IX. TRANSACTIONS.

1182 — 1998 *bis.* Dans les saisies effectuées par suite des visites faites à bord des bâtiments de la marine royale, on procède, pour recouvrer les amendes, de la manière suivante :

Après avoir dressé procès-verbal des infractions reconnues sur les bâtiments de l'Etat, et requis jugement dans le délai légal, on sursoit à toutes poursuites ultérieures jusqu'à ce que l'autorité maritime ait fait connaître le résultat des investigations auxquelles elle s'est livrée pour connaître les auteurs de la fraude. (Voir à ce sujet l'art. 949 des supp.) (*Circ. du* 27 *janvier* 1840 *n*° 1793.)

1183 — 1999. Que les transactions en matière de saisies soient passées avant ou après le jugement, elles ne sont, dans tous les cas, passibles que du droit de un franc pour leur enregistrement. (*Circ. du* 16 *mars* 1840 *n*° 1802.)

CHAP. X. PROCÉDURE.

1184 — 2026. Le pourvoi en cassation du ministère public en matière correctionnelle est sans objet, si, depuis qu'il a été déclaré, l'administration des douanes, usant des droits que lui donne l'arrêté du 14 fructidor an 10, a transigé avec un prévenu et l'a fait mettre en liberté. (*Arrêt de cass. du* 12 *novembre* 1835.)

Poursuites criminelles.

1185 — 2029. Dans les affaires de quelque gravité, et lorsqu'il y a intérêt de service et de répression à aggraver la punition des individus qui se seraient rendus coupables d'un des délits dont la poursuite est réservée au ministère public, il y a lieu, alors même que les prévenus seraient insolvables, de faire intervenir l'administration comme partie civile pour requérir l'application de l'amende de 500 francs édictée par l'article 14 du titre 13 de la loi du 22 août 1791, et l'article 2 du titre 2 de la loi du 24 mars 1794 (4 germinal an 2). (*Circ. du* 16 *février* 1839 *n*° 1736.)

1186 — 2029. Quand la saisie repose sur une présomption de faux, il faut attendre, pour y donner suite, que l'affaire criminelle à laquelle ce faux a donné lieu ait été instruite et jugée. (*Lettre admin. du* 28 *mars* 1832.)

1187 — 2029 *bis.* Une déclaration de *non lieu*, à l'égard d'un fait qualifié crime par la loi, ne forme point obstacle à la reprise des poursuites devant la juridiction correctionnelle quant au *délit* de contrebande simple. Le tribunal correctionnel est toujours compétent quand il s'agit d'une marchandise tarifée à 20 francs et plus, par quintal métrique. (*Arrêt de cass. du* 8 *décembre* 1838, *circ. du* 19 *janvier* 1839 *n*° 1728.)

1188 — 2035. Les actes d'écrou, ou de recommandation sur écrou, à l'égard de fraudeurs condamnés à une amende solidaire pour une seule et même contravention, ne sont sujets qu'à un seul droit d'enregistrement quel que soit le nombre des prévenus solidaires, mais les exploits doivent mentionner *explicitement* que les prévenus qu'ils concernent, sont inculpés *à raison d'une même contravention*, et par suite d'un *même procès-verbal*. (*Circ. du 6 avril 1840 n° 1805.*)

CHAP XI. RÉPARTITIONS.

Chefs non saisissants.

1189 — 2036. Dans les saisies faites en vertu du titre 6 de la loi du 28 avril 1816 (saisies à l'intérieur) par des préposés des douanes conjointement avec des agents de l'octroi, les chefs de ceux-ci n'ont aucun droit au partage du produit, et ne peuvent, conséquemment, figurer dans la répartition. (*Lettre adm. du 8 janvier 1835.*)

1190 — 2036. S'il s'agit de saisies faites par des agents étrangers à l'administration, mais où il y a eu intervention d'un préposé des douanes, aucune modification ne doit être apportée à la fixation de la part revenant au directeur et au receveur dans la répartition du produit (2/6). Quant aux autres chefs du service actif, l'intervention d'un préposé sous leurs ordres, leur confère une *demi-part* dans les 2/6 appartenant aux chefs. (*Lettres adm. des 9 brumaire an 4 et 25 floréal an 5; circul. du 26 juin 1817 n° 292, et lettre admin. du 5 mai 1838.*)

1191 — 2036. En procédant à la répartition du produit des saisies auxquelles les agents des douanes ont concouru, on ne peut reconnaître comme *chefs absents*, admis au partage des deux sixièmes leur revenant, que les seuls employés supérieurs de l'administration des douanes et les officiers des corps militaires. Il n'existe pour les chefs de l'administration des *postes*, des *contributions indirectes* ou des *octrois*, aucune exception à cette règle. (*Lettre admin. du 10 février 1836.*)

NOTA. Dans une saisie faite concurremment avec la police, les 2/6 sont partagés entre les chefs de la police et les chefs de la douane. (*Circ. du 2 septembre 1811; lettre adm. du 17 juillet 1832.*)

Saisies de bureau.

1192 — 2036. Dans les saisies de bureau auxquelles concourent les préposés de brigades, ceux-ci ne sont jamais rétribués, quel que soit leur grade, que d'une demi-part d'employé de bureau, et encore faut-il, pour qu'ils soient ainsi traités, qu'ils aient été appelés par le receveur. (*Déc. admin. du 14 février 1834.*)

1193 — 2036. S'il est question de saisies *de bureau* proprement dites, les commis aux expéditions partagent par moitié avec les vérificateurs; il n'en est pas de même pour les saisies *en campagne;* les vérificateurs, dans ce cas, sont assimilés aux capitaines de brigades, et les commis aux expéditions aux lieutenants. (*Lettre adm. du 19 mai 1834.*)

1194 — 2036. Un employé des douanes qui a obtenu un jugement définitif, ou qui a passé une transaction avant jugement, a *seul* droit à la part de poursuivant; elle ne peut être divisée entre cet employé et son successeur, qu'autant que celui-ci a amené quelques prévenus à transiger avant le jugement définitif. (*Lettre admin. du 5 avril 1834.*)

1195 — 2036. Dans les saisies opérées *la nuit* à un bureau de douane où les voyageurs passent et sont visités *extraordinairement*, le produit est réparti entre le service sédentaire et le service actif, lorsque ce dernier reste, de nuit, posté près du bureau pour prévenir les vérificateurs de l'arrivée des voyageurs.

Ces saisies sont considérées comme saisies mixtes. (*Lettre adm. du 4 avril* 1833.)

Titulaires absents.

1196 — 2036. Le titulaire d'un emploi, absent *avec autorisation*, touche la part de répartition qui lui revient dans une saisie, mais s'il excède son congé, *l'intérimaire* est rétribué en son lieu et place pendant le temps qui s'écoule entre l'expiration de ce même congé, et la rentrée du titulaire à son poste.

S'il n'y a pas de titulaire installé, la part afférente au grade vacant, est dévolue à celui, quel qu'il soit, qui en remplit les fonctions. (*Lettre admin. du 14 février* 1834.)

SOUS-RÉPARTITIONS.

1197 — 2036 *bis.*, 377 *supp.* Il n'y a plus lieu à la sous-répartition du produit d'une saisie.

Toutes les fois que le nom d'un ou de plusieurs employés (ou autres citoyens français) qui ont effectivement coopéré à une saisie n'ont pas été relatés dans le procès-verbal, le commandant du détachement qui a opéré la capture dresse un état spécial, dans lequel figurent les *saisissants* ou *intervenants* à comprendre dans la répartition ultérieure du produit de l'affaire; il relate dans cet état, signé de lui, la nature de la coopération des capteurs non dénommés aux procès-verbal, et les causes du silence du rapport en ce qui les concerne. (*Circ. du 22 juillet* 1840 *n°* 1821.)

D'après la communication qui lui est donnée de cet état, l'inspecteur fait une enquête sur la réalité des faits qu'il a pour objet d'établir, et il en fait un rapport qu'il adresse au directeur avec l'état. Ce dernier transmet le tout avec son avis à l'administration, qui statue. (*Même circulaire.*)

L'état, signé du commandant du détachement et visé par l'inspecteur, est ensuite annexé à l'état de répartition avec une copie de la décision de l'administration. (*Même circulaire.*)

Décime sur les amendes.

1198 — 2036 *ter*. Les sommes que consignent des prévenus, en matière de saisies, pour obtenir la main-levée des moyens de transport, sont appliquées au paiement de l'amende encourue lorsque cette amende n'est pas recouvrée intégralement; les propositions d'arrangement soumises à l'administration, doivent le stipuler formellement. (*Lettre adm. du 15 janv.* 1834.)

TITRE XVIII. ADMISSION DANS LES BUREAUX ET DANS LES BRIGADES.

BRIGADES.

1199 — 2048. Lorsque les directeurs admettent des postulants pour entrer dans les brigades des douanes, ils ne doivent pas, là où les candidats sont nombreux, dépasser, pour les sujets qui n'ont pas été militaires, l'âge de 25 ans, et pour ceux qui sortent de l'armée, l'âge de 28 ou 29 ans. (*Circ. du 22 février* 1839 *n°* 1740.)

1200 — 2050. Les fils de *préposés*, de *sous-brigadiers* et de *brigadiers*, sont les seuls qui puissent être admis à 18 ans avec demi-solde. Aucune exception à cette règle ne peut être faite sans l'assentiment de l'administration. (*Lettre adm. du 20 mai* 1833.)

1201 — 2052. Tout aspirant à une place de préposé ou de matelot, doit être soumis à la visite d'un médecin en présence d'un capitaine des douanes. Il est justifié de cette visite par la production d'une feuille individuelle (série **E**, n° 83 *bis*), sur laquelle le capitaine et l'inspecteur de la division donnent leur avis personnel sur la complexion apparente du postulant; sur son instruction; sur le degré d'intelligence qu'il annonce, et sur les garanties de moralité que donnent ses habitudes, et sa position antérieure. (*Circ. du 22 février* 1839, *n°* 1740.)

> Nota. Les candidats venant d'autres directions sont examinés à leur arrivée. On s'en rapporte, pour leur moralité, aux certificats dont ils sont munis. Avant d'être mis en mouvement, ils sont visités dans la division qui les fournit, et la feuille 83 *bis* est jointe aux pièces qu'ils ont à produire. Ils ne doivent pas avoir plus de 30 ans, s'ils n'ont pas été militaires, et 33 ans s'ils ont servi sous les drapeaux. (*Même circ.*)

1202 — 2057. La sommation faite à un préposé, brigadier ou sous-brigadier révoqué, de quitter le rayon des douanes, conformément à l'art. 40 de la loi du 21 avril 1818, est assimilée à un acte d'huissier; elle doit, conséquemment, être rédigée sur papier timbré et être enregistrée. (*Déc. admin.*)

CHANGEMENTS ET AVANCEMENTS.

1203 — 2064 bis. Toute proposition de changement, avancement ou retrait de grade, fait l'objet d'une feuille (modèle 86 *bis* de la série E). Que la mutation s'effectue ou non, cette feuille doit être jointe au dossier de l'employé qu'elle concerne; elle est le complément des signalements semestriels qui doivent y être transcrits. (*Circ. du 22 février* 1839 *n°* 1740.)

1204 — 2064 bis. Les candidatures pour le grade de brigadier ou de sous-brigadier, sont établies par les capitaines, dans les états semestriels qu'ils fournissent; c'est parmi les candidats ainsi désignés, que les inspecteurs choisissent ceux qu'ils présentent pour remplir les places vacantes. Le directeur ne nomme aux places vacantes, que des sujets présentés par les inspecteurs. Toutefois, si dans les propositions il y a omission de quelque employé méritant, des explications sont provoquées, et le directeur statue. (*Même circ.*)

1205 — 2064 *bis.* A la fin de chaque semestre, les inspecteurs joignent à leurs rapports de service, un état (série E n° 82) des employés à la nomination du directeur de l'administration qui ont des titres à l'avancement, ou qu'il convient de changer, ainsi que des brigadiers ayant droit à une lieutenance. Les directeurs donnent leur avis motivé à la suite de celui des inspecteurs ; ils provoquent, au besoin, la réparation des omissions qui auraient été faites. (*Circ. du 22 février* 1839 *n°* 1740.)

1206 — 2064 *bis.* Les inspecteurs comprennent dans leurs états, en les y plaçant suivant l'ordre d'*urgence*, les brigadiers, lieutenants et capitaines dont l'admission, dans les bureaux, leur paraît juste et désirable. Cet avantage n'est réservé, toutefois, qu'aux agents usés dans la partie active, et, sauf des circonstances exceptionnelles, les brigadiers ne peuvent prétendre à entrer dans les bureaux, qu'après 10 années consécutives de grade. (*Même circ.*)

Mise en jugement.

1207 — 2066 *et* 2096 *bis.* L'autorisation préalable à obtenir pour poursuivre en justice un préposé des douanes, n'est pas seulement nécessaire en matière répressive et pénale, elle est indispensable également dans les procès qui n'ont pour objet qu'une action civile. (*Jugem. du tribunal civil de Sarthène, du 7 janvier* 1839.)

TITRE XIX. OBLIGATIONS DES EMPLOYÉS ET AVANTAGES DONT ILS JOUISSENT.

CHAP. II. AVANTAGES ACCORDÉS.

1208 — 2072. Un préposé de brigades qui rentre dans le service actif après avoir fait un surnumérariat pour arriver à un emploi sédentaire, est dispensé de prêter de nouveau le serment prescrit par la loi du 12 août 1830. (*Lettre adm. du 22 avril* 1833.)

Sauve-garde.

1209 — 2095. Des préposés placés devant un poste de douanes ne cessent pas d'être dans l'exercice de leurs fonctions *après* la visite des équipages conduits devant eux, et le trouble et la résistance qu'ils éprouvent, alors même que cette visite est consommée, n'en est pas moins punissable de l'amende spéciale édictée par les lois de 1791 et de l'an 2. (*Arrêt de cass. du 31 janvier* 1840 *n°* 1799.)

1210 — 2095. Dans les affaires où il y a, d'une part, trouble et opposition à l'exercice des fonctions des préposés des douanes, et, de l'autre, rebellion, injures ou voies de fait, l'amende de 500 francs encourue pour le fait d'opposition aux fonctions, conformément à l'article 14, titre 13 de la loi du 22 août 1791 et 2, titre 4 de celle du 4 germinal an 2, doit être appliquée au prévenu, indépendamment des peines prononcées pour la rebellion, les injures ou les voies de fait. (*Arrêt de la Cour royale de Colmar du 16 janvier* 1839.)

1211 — 2095. Il y a tentative de corruption des préposés, punie par l'art. 179 du code pénal, de la part de toutes personnes cherchant à amener ces préposés à s'abstenir d'un acte rentrant dans l'ordre de leurs devoirs, comme de constater une contravention, un délit, dont ils ont connaissance. (*Arrêt de la Cour royale de Colmar du 13 février* 1839.)

1212 — 2095. Lorsque l'administration poursuit *seule* la répression, par la voie civile, d'un fait de trouble, d'injures ou d'opposition envers ses agents, l'action doit être portée devant le tribunal de paix ; ce n'est que lorsqu'elle joint sa demande accessoire à cette fin, à la poursuite exercée par le ministère public contre les auteurs d'un délit caractérisé par le code pénal, que la juridiction compétente pour connaître de ce délit, le devient également pour adjuger les condamnations civiles. (*Arrêt de cass. du* 10 *janvier* 1840, *circ. n°* 1799.)

Pensions.

1213 — 2114. Un pensionnaire des douanes qui réside hors de France, peut faire toucher, par un fondé de pouvoirs, la pension qu'un receveur principal est autorisé à lui payer, à charge de fournir, pour chaque paiement, un certificat de vie délivré par l'autorité compétente à l'étranger. Quand la procuration qu'il donne est passée à l'étranger, elle doit être timbrée et enregistrée en France, puis légalisée par le ministre des affaires étrangères (1). (*Lettre adm. du* 5 *février* 1836.)

Naturalisations.

1214 — 2115 *bis*. Un enfant né hors mariage, et qui n'a point été reconnu par le père, suit la condition de sa mère. Quoique né à l'étranger, si sa mère est française, il est lui-même français ; cette qualité ne peut lui être contestée. (*Lettre admin. du* 25 *nov.* 1835.)

Gratifications.

1215 — 2120. La prime de capture accordée en exécution de la décision du 12 juillet 1816 aux employés des douanes lorsqu'ils arrêtent des individus cherchant à importer des marchandises en fraude, est établie en faveur des préposés seulement ; les gendarmes ou les autres agents étrangers, soit qu'ils agissent seuls ou concurremment avec des employés des douanes, n'y ont pas droit. (*Déc. admin. des* 28 *août et* 2 *nov.* 1837.)

1216 — 2130. Les employés des douanes qui, porteurs d'un mandat d'arrêt, s'emparent de la personne d'un fraudeur condamné par jugement, agissent, dans ce cas, comme agents de la force publique ; ils sont fondés à réclamer le droit de capture alloué par les articles 72 et 77 du décret du 18 juin 1811 ; 6 de celui du 7 avril 1813, et 1er de l'ordonnance du 6 août 1823. (*Lettre adm. du* 21 *oct.* 1835.)

TITRE XXI. SERVICE DANS LES DÉPARTEMENTS. BUREAUX.

CHAP. Ier. RECEVEUR PRINCIPAL OU SUBORDONNÉ.

Droits constatés.

1217 — 2173 *bis*. L'apurement périodique des droits acquis au trésor public en matière de contraventions aux lois de douanes, conformément à l'ordonnance du 10 décembre 1823, et la responsabilité encourue par les comptables au sujet de ces droits, sont établis dans la

---

(1) Les pensions peuvent également être reçues en Afrique. (*Circ. n°* 1786.)

limite et suivant les bases déterminées par l'ordonnance du 8 décembre 1832. (*Circ. du 22 janvier 1839, n° 1729.*)

> NOTA. L'adoption, pour les affaires contentieuses, de mesures semblables à celles existant pour la perception des droits, fait l'objet d'une instruction spéciale que contient la circulaire n° 1729.

Soumissions à souscrire dans les cas divers.

1218 — 2174 *bis*. Les soumissions à souscrire autres que celles exigées en matière de francisation, d'entrepôt et d'acquits-à-caution, c'est-à-dire, pour machines importées de l'étranger; pour marchandises provisoirement admises en franchise ou à une taxe modérée; pour assurer la réexportation ou le paiement de la valeur d'objets temporairement introduits; pour garantir la production de titres justificatifs d'origine, etc., sont reçues sur un registre spécial (série M n° 23 D), coté et paraphé par le juge de paix. (*Circ. du 27 février 1839 n° 1742.*)

Dépenses.

1219 — 2177. Les sommes revenant à des employés décédés, révoqués ou démissionnaires, qui n'ont pu être payées aux ayant droit, doivent être versées à la caisse des dépôts et consignations, mais, seulement, dans le délai d'un an et un jour à partir du décès, de la révocation, ou de la démission des employés.

Un état (modèle H) est annexé au compte annuel de masse, pour indiquer les sommes non encore versées au moment où le compte est rendu. (*Circ. du 27 mai 1840 n° 1812.*)

Plombage et estampillage.

1220 — 2179. Dans le partage du produit des plombs, les contrôleurs institués par l'arrêté ministériel du 3 septembre 1839, ont part entière; même part est attribuée aux vérificateurs et visiteurs de toutes classes, excepté dans les douanes de Marseille, Bayonne, Bordeaux, Nantes, Rouen, Le Hâvre et Dunkerque, où ceux de 2ᵉ classe n'ont que demi-part; et ceux de 3ᵉ classe qu'un tiers de part. Les commis principaux de 1ʳᵉ classe ont demi-part; ceux de 2ᵉ un tiers de part, et les commis de 1ʳᵉ classe un sixième de part. Les commis de 2ᵉ classe sont exclus de la répartition. (*Arrêté du 3 septembre 1839, art. 5.*)

1220 *bis*. — 2179 *bis*. Les agents qui jouissent aujourd'hui, dans le produit du plombage, d'une part supérieure à celle qui leur serait afférente, d'après les dispositions de la présente décision, continuent à en jouir jusqu'à ce qu'ils soient appelés à un grade ou à un traitement plus élevé. (*Même arrêté, art. 6.*)

Compte annuel.

1221 — 2179. Dans les affaires où l'administration renonce spontanément à l'exercice actuel de ses droits contre un redevable insolvable, comme dans celles où elle a épuisé sans résultat, toutes les poursuites légales contre les biens et la personne des contribuables, les receveurs doivent provoquer, pour joindre à leur compte annuel, une décision administrative qui les autorise de surseoir aux poursuites. (*Circ. du 23 octobre 1840 n° 1837.*)

Affaires contentieuses.

1222 — 2200. S'il arrive qu'un bureau subordonné passe d'une principalité dans une autre, bien que l'affaire, sous le rapport *contentieux*, soit, dès cet instant, attribuée au receveur principal à qui appartient ce bureau, l'apurement de la *comptabilité* n'en demeure pas moins confiée au receveur qui a dirigé les premières opérations et passé les premières écritures. (*Circ. du 4 mars* 1840 *n°* 1800.)

Etats de commerce. — Marchandises de retour.

1223 — 2202. Les receveurs doivent tenir un compte séparé des marchandises françaises invendues à l'étranger, ou dans nos colonies, et qui sont réadmises au droit de retour après constatation de leur nationalité. Il en est formé un état particulier par semestre et par année. (*Circ. du 20 février* 1839 *n°* 1738.)

Nota. Un nouveau modèle a été substitué à celui précédemment en usage (*circ.* n° 1666) pour les marchandises d'exportation. (*Circ. du 2 février* 1839, *n°* 1734.)

Correspondance.

1224 — 2203 *bis*. Il est tenu par le receveur deux registres distincts (n°s 81 *bis* et 81 *ter*), pour l'enregistrement, par extrait, l'un des lettres reçues, dit *d'arrivée*, l'autre des lettres expédiées, dit de *départ*. Ils sont continués jusqu'à épuisement.

Les minutes des lettres écrites sont conservées. En cas de changement, elles sont remises, avec les lettres reçues, les minutes de rapports, les bulletins de commerce, etc., comme archives, au successeur. A chaque mutation, l'état et la consistance des archives sont constatés par un procès-verbal de récolement. (*Circ. du 3 octobre* 1840 *n°* 1836.)

Commis principal à la navigation et autres employés.

1225 — 2204 à 2209. Les dénominations de commis principaux à la navigation ; contrôleurs aux entrepôts ; contrôleurs aux liquidations ; commis principaux à la balance du commerce ; contrôleurs aux déclarations ; liquidateurs ; commissaires ; aides vérificateurs ; receveurs aux déclarations ; commis de recette ; commis à la balance ; commis adjoint à la balance ; commis aux expéditions ; contrôleurs aux soudes et commis supplémentaires sont supprimés. (*Arrêté minist. du 3 septembre* 1839.)

(Voir, pour les nouvelles appellations, les articles 959 et suiv. des suppléments.)

Congés. — Brigades.

1226 — 2215 *bis*. Tout employé de brigades, jusqu'au grade de brigadier inclusivement, auquel les eaux thermales sont ordonnées, *pour cause de maladie*, conserve la jouissance entière de ses appointements pendant la durée de son séjour aux eaux, et pendant le temps jugé nécessaire pour s'y rendre et pour en revenir. (*Décision minist. du 19 août* 1839, *circ. n°* 1764.)

TITRE XXII. SERVICE DANS LES DEPARTEMENTS. BRIGADES.

CAPITAINES ET LIEUTENANTS.

1227 — 2246. Les contrôleurs de brigades cessent d'être désignés sous cette appellation. Ils prennent le titre de : *capitaines de brigades.* (*Déc. minist. du 7 février* 1839, *circ. du 18 n° 1737.*)

1228 — 2256 *bis*. Les employés connus sous la dénomination de lieutenants-principaux et d'ordre, prennent le titre de : *lieutenants.* (*Même décision et circulaire.*)

Correspondance.

1229 — 2256. Les capitaines de brigades tiennent, pour leur correspondance, deux registres distincts (n°s 81 *bis* et 81 *ter*), l'un pour les lettres expédiées, dit *de départ*, l'autre pour celles reçues, dit d'*arrivée.* (Voir pour cet objet n° 1224 des supp.)

CHAP. XII. UNIFORME ET MASSE D'ÉQUIPEMENT.

1230 — 2270. L'uniforme que portent les employés supérieurs, les chefs de service et les préposés des douanes, est modifié conformément aux règles arrêtées par la décision du conseil d'administration sur cet objet. (*Circ. du 24 juillet* 1840 *n°* 1822.)

NOTA. Tout ce qui a rapport à l'uniforme est réuni dans cette circulaire.

1231 — 2272. Le taux des retenues mensuelles exercées pour la formation de la masse d'habillement, en exécution du règlement du 25 février 1815, est modifié comme il suit :

Préposés d'ordonnance, ci-devant cavaliers d'ordre, et cavaliers de brigades, 10 francs au lieu de 12.

Le prélèvement qui a lieu pour le cas de démission ou de révocation lors du remboursement de l'actif de masse, est fixé à 50 fr. au lieu de 60 francs. (*Déc. min. du 18 octobre* 1839.).

TITRE XXIII. AGENTS DE SURVEILLANCE.

INSPECTEURS DIVISIONNAIRES ET PRINCIPAUX.

Préposés d'ordonnance.

1232 — 2305 *bis*. Les inspecteurs divisionnaires, ou principaux, ont près d'eux pour les accompagner dans leurs tournées, un *préposé d'ordonnance* au traitement fixe de 700 fr. Une indemnité est accordée à ce préposé, par un rôle spécial, pour la nourriture et l'entretien de son cheval. (*Déc. min. du 18 octobre* 1839, *circ. du 3 août* 1840 *n°* 1825.)

NOTA. D'après cette décision les cavaliers d'ordre sont supprimés.

Changements et avancements.

1233 — 2313 *bis*. Les candidatures pour les places de brigadier et sous-brigadier, sont établis dans des états semestriels par les capitaines. C'est parmi les candidats ainsi désignés, que les inspecteurs choisissent ceux qu'ils présentent pour remplir les places vacantes. Si cependant, dans les propositions, il y a omission de quelqu'employé, des explications sont provoquées afin que le directeur statue. (*Circ du 22 février* 1839 *n°* 1740.)

1234 — 2313 *bis.* A la fin de chaque semestre, les inspecteurs forment un état (série E n° 82) des employés à la nomination du chef de l'administration qui ont droit à l'avancement ou qu'il convient de changer, des brigadiers qui ont droit à une lieutenance, et des brigadiers, lieutenants et capitaines à admettre dans les bureaux. (*Même circ.*) (Voir pour cet objet n° 1206 des supp.)

Rapports mensuels.

1235 — 2305. Les rapports mensuels dans lesquels les inspecteurs justifient de leur travail et de leur activité, doivent présenter, particulièrement, les renseignements ci-après :

Au 1er chap. de la 1re section : L'indication précise des parties de service vérifiées à la résidence.

Au 2e chap. : L'énumération des tournées, et la désignation des postes inspectés. (Spécifier séparément le bureau, la brigade de ligne, la brigade ambulante, la fabrique de soude, etc.)

> NOTA. Les inspecteurs sont tenus de voir, chaque mois, tous les bureaux et toutes les brigades de leur division; quand ils n'ont pas rempli ce devoir, ils doivent en expliquer le motif.

A la 2e section : 1° L'exposé succinct des éléments qu'ont embrassés leurs investigations; le degré d'étendue qu'ils y ont donné; les faits qu'elles les ont mis à même de constater, etc., de manière à ce que l'administration puisse juger quelle a été la mesure de leur action personnelle, tant sur la douane de leur résidence que sur les postes extérieurs.

2° L'indication précise des passages de contrebandiers, ou versements constatés par le service, avec l'énumération de ceux qui lui ont échappé.

> NOTA. Tout passage ou versement de quelque importance, soit qu'une attaque ou la découverte d'une piste l'ait constaté, soit qu'il ait été révélé de toute autre manière, doit faire de la part de l'inspecteur, l'objet d'une vérification sur le terrain. (*Circ. du 29 janvier* 1839 *n°* 1732.)
>
> Afin d'éviter que les inspecteurs ne restent à leur résidence en quelque sorte à jour fixe pour rédiger leurs rapports, l'envoi de ces documents n'a lieu que le 18 de chaque mois. (*Même circ.*)

Bulletins de commerce.

1236 — 2305 *bis.* L'inspecteur rédige, chaque mois, pour faire connaître les phases du mouvement commercial et industriel concernant son arrondissement, un bulletin de commerce qu'il envoie au directeur, où il présente, sous les titres indiqués par l'administration, les faits qui ont pu contribuer à restreindre ou à étendre le mouvement des opérations; il y ajoute des observations propres à faire apprécier les causes réelles ou probables des opérations. (*Circ. du 29 janvier* 1839 *n°* 1752.)

Correspondance.

1237 — 2313 *bis*. Il est tenu, dans chaque inspection, deux registres distincts (n⁰ˢ **81** *bis* et **81** *ter*.), l'un pour l'enregistrement, par extrait, des lettres *reçues*, l'autre pour l'inscription des lettres *expédiées*. (Voir n⁰ **1224**.) (*Circ. du 3 octobre 1840 n⁰ 1836*.)

CHAP. III. SOUS-INSPECTEURS.

1238 — 2315. *Bulletin de commerce*. (Comme l'inspecteur, voir n⁰ 1236 des supp.)
    Id. Correspondance.   (Comme l'inspecteur, voir n⁰ 1237 des supp.)

TITRE XXIV. DIRECTEURS.

CHAP. II. PRODUITS.

Bulletins de commerce.

1239 — 2317 *bis*. Pour faire connaître les diverses phases du mouvement commercial de sa direction, le directeur forme et adresse à l'administration, à l'expiration de chaque mois, un bulletin de commerce où il présente sous les titres *navigation, importations, exportations, transit, entrepôts, sels, sucres indigènes, soies, céréales, pêches*, etc., les faits qui ont pu contribuer à étendre ou à restreindre le mouvement des opérations, avec une appréciation des causes réelles ou probables qui ont amené les variations. Les documents importants qui ont été produits par les divers chefs sont joints à l'appui de ce bulletin. (*Circ. du 29 janvier 1839 n⁰ 1732*.)

CHAP. VI. MASSE D'HABILLEMENT.

1240 — 2321. Les mémoires qui concernent des dépenses s'élevant au-dessus de **50 fr.**, à imputer sur le boni des masses, sont communiqués chaque mois, par le directeur, à l'administration, après l'ordonnancement et le paiement de ces dépenses. (*Circ. du 2 septembre 1839 n⁰ 1766*.)

1241 — 2321. Les directeurs doivent joindre aux comptes de gestion de masse qu'ils adressent à l'administration, les procès-verbaux de réception des effets d'habillement et d'équipement dressés par les commissions instituées, dans ce but, près de chaque direction. (*Circ. du 17 octobre 1839 n⁰ 1780*.)

CHAP. VIII. CRÉDITS DES DROITS.

1242 — 2323 *bis*. Les directeurs ont à faire former, chaque trimestre, par les receveurs principaux (voir n⁰ **454**), un tableau des commerçants à qui le crédit des droits peut, sans danger, être accordé ; ils recueillent, tant sur les principaux obligés que sur les cautions, tous les renseignements propres à les éclairer sur la solvabilité de ces derniers. Leur responsabilité morale serait engagée, s'ils laissaient ignorer à l'administration des négligences ou des infractions aux règlements, qui seraient commises en matière de crédits. (*Circ. du 27 mai 1820, et déc. des 10 août 1822 et 21 mai 1823*.)

1243 — 2323 *bis.* Il leur est recommandé de l'informer aussi , sans délai, des faillites , suspensions de paiement , et de toutes les modifications que peut amener , dans les conditions des crédits, l'état de fortune des redevables de droits envers le trésor. (*Circ. du 28 juin 1839 n° 1758.*)

CHAP. IX. SAISIES.

1244 — 2324. Lorsque les directeurs rendent compte d'une saisie d'étoffes ou de tissus, faite dans leur direction , ils doivent joindre à leur lettre d'envoi du procès-verbal, un relevé des marchandises donnant les indications ci-après ; savoir :

1° Laine filée : ajouter l'indication de son numéro.

2° Tissus de coton : dire le nom donné par le commerce au tissu.

3° Tulles de coton : dire s'ils sont larges ou en bandes.

4° Cotons filés : indiquer leurs numéros.

5° Etoffes de laine : autres que drap et casimir.

6° Etoffes : mélangées de laine, coton , soie.

7° Etoffes de poil de chèvre.   (*Lettre adm. du 30 décembre 1833.*)

1245 — 2324. Quand une contravention a été constatée à l'égard d'une marchandise expédiée en transit (ou par continuation d'entrepôt) d'une douane sur une autre , c'est la direction où l'acquit a été délivré, qui établit la répartition. Une expédition en est adressée au directeur du bureau de destination. (*Lettre adm. du 26 janvier 1839.*)

TRAVAIL INTÉRIEUR.

Correspondance.

1246 — 2328. Le direc eur fait tenir dans ses bureaux, deux registres distincts (n°s 81 *bis* et 81 *ter.*) l'un dit d'*arrivée* pour l'inscription par extrait des lettres qu'il a *reçues* ; l'autre dit de *départ* pour y analyser les lettres *expédiées.* (Voir n° 1224 des supp.) (*Circ. du 3 octobre 1840 n° 1836.*)

CHAP. XIV. PERSONNEL.

Changements et avancements.

1247 — 8329. Les propositions que les directeurs ont à faire pour changement d'un employé, avancement ou retrait de grade, font l'objet d'une feuille (n° 86 *bis* , série E) qui demeure jointe au dossier de l'employé qu'elle concerne. (*Circ. du 22 février 1839 n° 1740.*)

1248 — 2329. Les directeurs ne nomment en cas de vacances, au grade de brigadier ou de sous-brigadier, que les candidats présentés par les capitaines et choisis par les inspecteurs. Toutefois , quand il y a omission de quelque sujet méritant, ils provoquent des explications et ils statuent ensuite. (*Même circ.*) (Voir n° 1233 et suiv.)

1249 — 2329. Les états sémestriels fournis par les inspecteurs, des employés à la nomination du directeur de l'administration qui ont des titres à l'avancement ou qu'il convient de changer ; des brigadiers ayant droit à une lieutenance, et des brigadiers, lieutenants et capitaines, susceptibles d'être admis dans les bureaux , sont soumis aux directeurs, qui donnent leur avis motivé sur les propositions, et provoquent, au besoin, la réparation des omissions faites. (*Circ. du 22 février* 1839 *n°* 1740.)

1250 — 2329 *bis.* Quand ensuite un employé de bureau ou de brigade change de direction, le directeur de la division à laquelle il était attaché transmet à son collègue un état certifié de ses services ainsi que son acte de naissance. Il y joint l'extrait des notes de signalement qu'il a données à l'administration sur la conduite de cet employé, et il indique les causes qui ont motivé son changement. (*Lettre adm. du 25 juillet* 1833.)

TITRE XXVI. DOUANES DES POSSESSIONS FRANÇAISES EN AFRIQUE.

EXPÉDITIONS DE FRANCE POUR L'AFRIQUE.

1251 — 2359 *bis.* Les douanes de la métropole ne doivent revêtir le manifeste de sortie dont les capitaines de navires ont à se munir, du visa exigé par l'art. 2 de la loi du 5 juillet 1836, qu'autant que les marchandises de réexportation présentées séparément y sont indiquées par espéce, et qu'ils mentionnent, avec les *marques*, *numéros* et *poids* des colis, la provenance, le mode d'importation et le pavillon importateur des marchandises extraites d'entrepôt. (*Circ. du 4 août* 1840 *n°* 1826.)

NOTA. Cette circulaire contient un modèle de manifeste.

Exportations pour la France.

1252 — 2360 *bis.* Les droits de douanes à l'entrée en France, sur les produits de la côte occidentale d'Afrique ci-dessous indiqués, sont réduits de la manière suivante, lorsque lesdits produits sont importés en droiture et par navires français :

Arachides et touloucouna (fruits oléagineux). . . . . . . 1 f. 00 c. par 100 k.
Huile de palme, de coco et de touloucouna 4 00
Bois de santal rouge. 0 80
Dents d'éléphant en défenses entières ou en morceaux de plus d'un kilogramme. 25 00

Cire jaune du Sénégal. — Même droit que la cire brune de même provenance. (*Ordonn. du 23 juillet 1840, art. 1er; circ. n° 1824.*)

TABLE DES MATIÈRES.

J

L

M

N

O

P

Q

R

S

FIN DE LA TABLE.

9 782329 056616